JN060569

jooji Bleach on Color

CONTENTS

---

jooji profile

大阪府出身。グラムール美容専門学校卒業。2000 年、2001 年、2003 年、2004 年には JHA（ジャパンヘアドレッシングアワーズ）においてRISING STAR OF THE YEAR（2004 年はエリアスタイリスト）ファイナリストに選出。

2009年にブリーチ専門店「gris☆」をオープンし、ブリーチに魅せられ、ハイトーンカラー表現の技術と理論を極め、SNSにて数多くの作品を発信。

2014年にブリーチ専門店を閉めた後、フリーランスの美容師として東京に進出。2017年からは「第2章」と銘打ち、継承、伝達、育成をテーマに、ブリーチワークショップの開催や上海での中国人向けセミナーの開催など後進育成の活動を開始するも、2017年8月5日、病により永眠。

- WEB「jooji99 Color Bible」(jooji「第2章」となるHP)
- Instagram @jooji99／@jooji_color
- Twitter @jooji99

jooji Bleach on Color

2020年6月10日 初版第1刷発行

発行者	小川真輔
発行所	株式会社ベストセラーズ 〒171-0021 東京都豊島区西池袋5-26-19 陸王西池袋ビル4階 電話 03-5926-5322（営業） https://www.kk-bestsellers.com/
印刷所	錦明印刷
著者	jooji・松岡慶子
デザイン	芳沢千恵子（mille design Lab.）
写真	磯岡昭子（表紙・カラーカタログ） jooji（カラーカタログ） gaku（継承ページ） 小森成喜（P118）
参加美容師	石田裕治・カタイシマイ・KARIN KANTARO・坂上岳・佐藤真理 杉奈穂子・田中萌子・千葉愛 廣瀬玲雄・民部田まどか・Minako 山崎真・山本夏広（五十音順）

表紙モデル	そーすけ
参加ゲスト	あぴ・AKARU・ayu・ayumi・あられ erika・かえら・gamo・Q・saki 早乙女シヲリ・そーすけ・ちびんぬ・辻村 中村胡桃・なみへえ mamy・mayumanson・miku 八木美幸・Yui・YUKA・yuki（五十音順）
協力	板本真樹・大田敏嗣（イラスト） 橋本いずみ（継承ライティング） 藤井存希（継承編集） 松岡夏依斗・松岡幸子・松岡春飛 鑓田佳久・米原悠（五十音順）

ISBN978-4-584-13969-1 C0063

定価は裏表紙に表示してあります。乱丁、落丁本がございましたら、お取り替えいたします。本書の内容の一部、あるいは全部を無断で複製複写（コピー）することは、法律で認められた場合を除き、著作権、及び出版権の侵害になりますので、その場合はあらかじめ小社あてに許諾を求めて下さい。

KANTARO INTERVIEW

大阪時代から親交があり、東京進出や中国でのセミナーなど、
職人joojiの良き相談役として彼の活動を後方から支援し続けたKANTARO氏が、
等身大の言葉でjoojiとの出会いからそして別れまで2人の関係性を語る。

KANTARO
美容師/LIM統括ディレクター

東京、大阪、ロンドン、シンガポール、香港、中国などの世界の各
都市を、週ごとに点々と移動しながら働く美容師。『LIM』というグ
ループの統括ディレクターを務めており、ブランディングやマーケ
ティングを行う。
常日頃から『美容師の新しい生き方』を模索しており、50歳で
のセミリタイアを夢見ている。いつまで経っても、怠け癖が抜け
ない、働き者の中年男性である。

★Instagram kantaro0427
★http://www.lessismore.co.jp

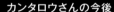

カンタロウさんの今後

今まで人を育てることや海外展開など、思うようにやって
きた。
ヘアショーやファッションショー、セミナーなども多く経験し
て、他の美容師がやっていることはひと通りやってきたと
思っている。
そんな中で実はちょっと飽きてしまったんだよね。だけど唯
一の救いは髪の毛を作るのが好きということだけは飽き
ていない。
それに、美容業界に少し飽きたのは一つの過程だと思っ
ていて、もっと進化していきたいと思っている。
もちろん世界を渡り歩いたことで自分の知識や成長にも
繋がっている。
例えばシンガポールでは美容師という職業にシンガポー
ルの人間はいない。90%が外国人で、髪を切るのは他
国の人間がやれば良いという考え方。
国によって髪に対する考え方が違う。そういう様々な国の
文化や考え方をもっと勉強したいと思っています。

出会い

出会ったのは5年位前のこと。jooji さんが僕の
ことを知っていて、「カンタロウ君でしょう?」
と声をかけてくれたのがはじまりです。jooji さんは
誰とでも仲良くするタイプではないし、気に入った人
としか付き合わない人だったので、jooji さんから「カ
ンタロウ君っておもしろいね」と近づいてきてくれて、
悪い気はしなかったですね。それから、僕が不定期
でやっている Bar にもよく遊びに来てくれたんだけ
ど、jooji さんは、僕と二人っきりだったら喋るのに、
人が入ってきたら一切喋らなくなる。弱い部分や悩
んでいるところを見られたくなかったのかな。いつも
お客さんがあまりいない早い時間帯を狙ってお店に
来ては、人には聞かれたくない悩みや、未来のこ
と、具体的には未来の jooji さんをどう作っていくか
といったことをよく話し合っていましたね。jooji さん
とは人が思うよりもずっと深い付き合いでした。

大阪から東京へ

jooji さんの美容師としてのスキルを初めて見たとき、
「これは売れる!めっちゃ売りになる」と確信しました。
大阪時代の jooji さんは、野球で言えば、怪物み
たいな選手が、町内会の草野球チームでずっと試
合をしている、そんな感じでしたね。日本一になれる
技術をもっているのに、東京に出ようとはしない。大
阪のようなニッチな市場でやっているのは勿体ないか
ら、絶対に東京に出た方がいい、業界の中心に出
て注目を集めないと、としきりにアドバイスしていまし
たね。
当時、jooji さんは、女の子(KARIN)と二人で
「gris」っていう店をやっていて、一定のファンはい
たけど、大阪では jooji さんのやっていることは早すぎ
たんだよね。ただ、東京、とくに原宿だったら、jooji
さんのやっているカラーを求める人は多いはずだから、
大阪の店を潰してでも東京進出を勧めていました。

jooji さん自身は、本当に成功できるのか不安で、なかなか東京へ行く踏ん切りがつかなかったみたいだけど、東京と大阪を行き来するうちに、「いける」「やっぱり東京や」って自信がついていったみたいです。これからってときに亡くなってしまって、でも東京に出るというのは最高の選択だった。東京に出ることで思った通り業界から注目を集めだしたし、大阪で終わっていたら、本が出版されることもなかったと思います。

二人の関係

僕と jooji さんは不思議な関係だったと思う。jooji さんの方が技術はすごかったし、テクニックもあったけど、組織を作ったり、自分を売り出していくことは僕の方が長けていたから、2人して「jooji さんをどう売り出していくか」「これからどうやっていくか」を共有している感じでした。2017 年 6 月に行った中国での

セミナーもその一環で、もともと僕が中国でセミナーをやっていたのだけど、僕が行けなくなって jooji さんを紹介したんです。この話がきた正月の時点で、jooji さんの時代がくることはわかっていたし、いつか日本で頂点をとるやろうと思っていたから、世界を目指した方がいいよ、絶対受けるからやった方がいいって。jooji さんは「自分はこうしたい」「自分はこうだ」ということはあまり話してくれなかったけど、僕の提案を受け入れてくれたってことは、jooji さん自身も、自分の技術を広めていく仕事がしたかったんじゃないかなって思います。

無念な思い

jooji さんはいつも時代より先を行っていて、早かったし、すごかった。生きていたら、今頃引っ張りだこだったと思う。jooji さん自身は美容師として満足して死

日本中の誰もが jooji さんを知っている
そこまで彼を連れて行きたかった。

ねたんじゃないかな。その反面、自分の中で盛り上がっている途上だったから、無念さもあったと思う。僕も応援というか、後ろからいつも jooji さんを煽っていたので、jooji さんが成功した姿を見たかった。日本中の誰もが jooji さんを知っているというところまで、彼を連れていきたかった。そこまで jooji さんの名や技術を広めてあげたかった。だから、僕も無念な気持ちがあります。生きていれば、きっと行けたと思う。あと一息だったのだから。でも jooji さんが悪いわけじゃないもんね。病気だったんだから仕方ない。それに、なんか jooji さんらしいよね (笑)、「あ～あ」って。

美容師としての jooji

jooji さんはすごく不器用なの。美容師としては一流。技術やテクニックはすごいものを持っていたんだけど、世渡りができない、美容に対して純粋すぎて。普通だと、あそこまで技術やテクニックを持っていたら、もっと早く売れてもいいのに、不器用で純粋すぎたんかなと思います。
美容の世界では、美容師の技術と経営の技術、プロデュースする技術って全くの別物。不器用でも、

ちゃんとプロデュースしてくれる人に出会えれば、上り詰めることもできるんだけど、jooji さんの場合は、なかなか出会えなかったんだろうね。美容師としてはすごく最高なのに、うまくプロデュースしてくれる人がいない。職人だから経営にも向いていないし、不運と言えば不運な美容師。でも勿体ないな、もっと上のレベルにいてもおかしくない人だったのに。

カラーリストとしての jooji

jooji さんのヘアカラーの技術をみたときは、びっくりしたね。他では見たことがない技術だったから。jooji さんの技術を体系化して形にすれば必ず売れると思いました。
その技術は、今まで見たどのカラーリストなんかよりも、もっともっとすごい世界だったから。
当時は、今で言うオラプレックスなどのブリーチをしても痛まない特殊な薬がない時代。そんな時代に、髪にダメージを与えずに艶をのこしたままカラーを表現していたんだから、jooji さんの技術はまさに神業だった。具体的に言うと、髪が長いと毛先から根元までヘアコンディションが違うでしょう。
jooji さんはそれを見極めて、部分部分で、違うメーカーの薬剤を使っていた。それがありえない技術だった。1 レベル刻みのところ、jooji さんは0.5レベルで刻んでいく独自のカラーレベルをもっていて、繊細な色を見極め、カラー材の特徴や個性を熟知していたんだよね。その jooji さんの拘りと徹底ぶりが、本当にすごかった。
jooji さんはブリーチオンカラーの先駆者であり、誰にも真似できない唯一の技術をもっていた。今は、薬剤の技術も進化していて、ある程度の技術でそれがかなう世の中になってしまったけど。
今 jooji さんがいたらね、jooji さんの性格からすると下からの突き上げに反発してよりマニアックになって、更に先を行っていたはず。あのままだったらマラソンでいうと、トップでスタートしていた。ある意味、確固たる地位を築きながら、それに甘んぜず、さらなる先を目指して、業界を引っ張っていたと思いますね。

jooji 本について

この本を読んだ人は、こんな凄い美容師がおったんや、って驚くと思う。この本が若い子たちにとって参考書みたいにたくさんのことを勉強できる本であってほしいと思います。

jooji color catalog

サロンワークこそがクリエーションの場であることにこだわり続けたjooji。
カラーカタログに収録されている作品の殆どがサロンワーク内のもので、撮影もjooji自らが行っている。

協力:鐘田佳久（使用マニックパニック、アンダーレベル）　松岡幸子（コメント収集）

Rainbow

9色の色を長短をつけてランダムに塗り分けた
グラデーション・レインボーカラー。

Left side

Front side

Right side

[使用しているマニックパニック]
- ウルトラヴァイオレット
- ディープパープルドリーム
- アフターミッドナイト
- ショッキングブルー
- アトミックターコイズ
- エンチャンティッドフォレスト
- エレクトリックバナナ
- レッドパッション
- ホットホットピンク
【アンダーレベル:18.5】

jooji color **01**

根元から毛先にかけてナチュ
ラルにつながっていくグラ
デーションレインボーカラー。
ポイントは、色と色がより自然
に繋がるように根元から毛
先にかけて9色の色を入れ
ていること。そして、こういうカ
ラーって単に色を均等に塗
り分けてしまうと、かえって可
愛さがでないから、色によって
長短をつけてランダムに塗り
分けている点。

塩基性カラーとアルカリカラーを共存させた
アシンメトリカル・レインボーカラー。

Right side

Front side

Left side

[使用しているマニックパニック]
・エンチャンティッドフォレスト
・グリーンエンヴィ
・エレクトリックバナナ
・ホットホットピンク
・ロカビリーブルー
・ライラック
・アトミックターコイズ
【アンダーレベル18.5】

jooji color 02

2017年は塩基性カラーとアルカリカラーの共存するカラーも積極的に取り組んでいこうと思っている。

jooji color **03**

ブロンドグレージュとインナーセクションな
カラフルヘアーたち。

Back side

Front side

Right side

表層はアルカリカラー。
その他はカラフルなマニパニのセクションインナーカラー。
［使用しているマニックパニック］
・ホットホットピンク ・ショッキングブルー
・パープルヘイズ
・アトミックターコイズ
・ウルトラヴァイオレット ・ライラック
・ヴァンパイアレッド ・ロカビリーブルー
【アンダーレベル:18.5】

グレー系のベースにカラフルヘアを散りばめた
ハッピーヘアー。

Left side

Back side

Right side

[使用しているマニックパニック]
・ホットホットピンク
・ショッキングブルー
・パープルヘイズ
・アトミックターコイズ
・ウルトラヴァイオレット
・ライラック
・ヴァンパイアレッド
・ロカビリーブルー
・グリーンエンヴィ
・エレクトリックバナナ
【アンダーレベル18.5】

jooji color **04**

ハイベースで毎月通ってくれているから、ベース
のブリーチ状態が思い通りすぎて、もはやこの
髪、アートの領域。

[使用しているマニックパニック]
・エンチャンティッドフォレスト
・グリーンエンヴィ
・エレクトリックリザード
・アトミックターコイズ
・ブードゥーブルー
【アンダーレベル18.5】

（写真左上）Xmas Color
（写真左下）色落ち過程。
（写真右）写真左上から1ヶ月経過後に施術したカラーで、日本人としては初めて、マニックパニックオフィシャルのインスタグラム（@manicpanicnyc）に掲載された作品。
「表層の色の出し方は前回からさほど変えていないんだけど、内側の色の作り方はかなり変えていて、目を凝らして垣間見える内側の色の世界を感じてもらえたら嬉しい」。

[使用しているマニックパニック]
・エンチャンティッドフォレスト ・グリーンエンヴィ
・エレクトリックバナナ ・アトミックターコイズ ・ブードゥーブルー
・ロカビリーブルー ・ライラック
【アンダーレベル18.5】

jooji color 07

この色のポイントは細めのセクションで色
を淡く入れているところなんだ。そのうち
に、この色たちが消えて、ポイントブロンド
になっていくようにカラーしている。

ファンシーなパステルヘアー。
凄く淡いパステルのセクションカラー。

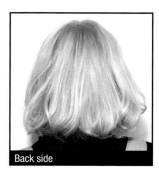

Back side

Front side

Left side

[使用しているマニックパニック]
・ホットホットピンク
・コットンキャンディーピンク
・ショッキングブルー
・アトミックターコイズ
・ライラック
・グリーンエンヴィ
・エレクトリックバナナ
・ヴァージンスノー
【アンダーレベル19】

2015年のベストカラー賞と自負する
joojiのセクションカラーを代表する作品の一つ。

Back side

Front side

Right side

発色と色の組み合わせが最高だった。それに加え、本人の着ていたお洋服のためにカラーしたような雰囲気になったから、反響がすごくて、きっと僕の2015年のベストカラー賞なんだろうなと思っています。
[使用しているマニックパニック]
・ホットホットピンク
・コットンキャンディーピンク
・ショッキングブルー ・アトミックターコイズ
・エレクトリックバナナ ・ライラック
・ヴァージンスノー
【アンダーレベル:19.5】

jooji color **08**

jooji color **09**

インスタグラムで外国人の方に人気が高かった
オーロラみたいなレインボーカラー。

Back side

Front side

Left side

[使用しているマニックパニック]
・ホットホットピンク
・コットンキャンディーピンク
・クレオローズ
・ショッキングブルー
・アトミックターコイズ
・ライラック
・エンチャンティッドフォレスト
・グリーンエンヴィ
・エレクトリックバナナ
【アンダーレベル19】

外国人の方は日本人よりも瞳の色が明るい分、明るい色の見分けがつくといわれているけど、日本の美容師だってこの領域のパステルカラーを作れるんだってことを主張した作品。サロンワーク内の作品なのでブリーチ、カラー、カットを含む入店からフィニッシュまで3時間もかかっていないというのも付加価値をあげているよね。

jooji color **10**

「マニパニとアルカリカラーを混ぜた
ほうが可愛いよな」ってことでカラー
したもの。
[使用しているマニックパニック]
・ホットホットピンク
・コットンキャンディーピンク
・ディープパープルドリーム
・ミスティックヘザー
・エレクトリックリザード
・アトミックターコイズ
・エレクトリックバナナ
・ライラック
【アンダーレベル19.5】

jooji color **11**

2011年にした夢かわいい
ヘアーカラー。
[使用しているマニックパニック]
・ホットホットピンク
・コットンキャンディーピンク
・クレオローズ
・エンチャンティッドフォレスト
・アトミックターコイズ
・ライラック
【アンダーレベル:19】

12

ペール系カラーとストロング系カラーを配置した
クリアなレインボーカラー。

Back side

Front side

Right side

[使用しているマニックパニック]
（バックサイド）
・ヴァンパイアレッド
（右サイド）
・ホットホットピンク
・パープルヘイズ
・ウルトラヴァイオレット
・ライラック
・エレクトリックバナナ
（左サイド）
・アフターミッドナイト
・ロカビリーブルー
・エンチャンティッドフォレスト
・アトミックターコイズ
【アンダーレベル18.5】

ペール系とストロング系カラーを上手く配置させてクリアに見せていくという手法で、もう特許を取りたいって思えるくらい難しい技法を使っている。国内で唯一、あれっ海外でもこんなカラー見たことがない（笑）。2016年のベストカラーの一つで、この時点におけるjoojiの多色使いにおける最高峰の技法です。左サイドは寒色系の世界、右サイドは暖色系の世界と、左右の世界観の違いを見てくれたら嬉しい。

パステル系セクションカラー。最近は多色染めの場合、横にオーバーラップさせて横グラデーションを作ることに、はまっちゃったりしています。
[使用しているマニックパニック]
・ショッキングブルー ・ブルームーン
・ライラック ・パープルヘイズ
・ミスティックヘザー
・エンチャンティッドフォレスト
・グリーンエンヴィ
・ホットホットピンク
・コットンキャンディーピンク
・エレクトリックバナナ
【アンダーレベル18.5】

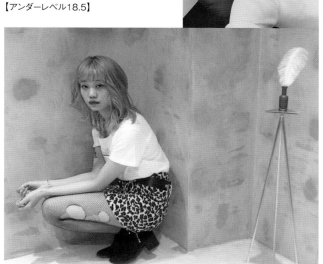

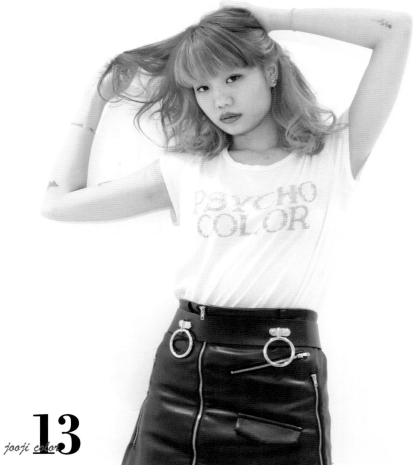

jooji color **13**

color **14**

パステル系レインボー。
[使用しているマニックパニック]
・グリーンエンヴィ
・エレクトリックリザード
・アトミックターコイズ
・コットンキャンディーピンク
・ホットホットピンク
・パープルヘイズ
・ウルトラヴァイオレット
【アンダーレベル18.5】

世界から見た「原宿のit girl的 ヘアーカラー」がテーマ。

Back side

Front side

Left side

[使用しているマニックパニック]
・コットンキャンディーピンク
・ホットホットピンク
・クレオローズ
・ウルトラヴァイオレット
・ライラック
・アトミックターコイズ
・エンチャンティッドフォレスト
・ロカビリーブルー
・ショッキングブルー
・アフターミッドナイト
【アンダーレベル18.5】

左右非対称に色を配置し、根元と毛先の色も変えている。根元と毛先の色を変えた場合、一般的には塗り分けるんだけど、両方の色をオーバーラップ(重ね塗り)させる領域を10センチ程度とると、両方の色の濃度によりグラデーションがかかったり、なだらかな模様を描くことができたりと、とても可愛くなるんだ。僕はこのテクニックのことを「10センチの誘惑」と呼んでいる。このカラーでもこのテクニックを使っていて、何とも神秘的で不思議な色を醸し出しているんだ。

ホワイト系ベースのパステルレインボーヘアー

Left side

Front side

Right side

[使用しているマニックパニック]
・ホットホットピンク ・クレオローズ
・コットンキャンディーピンク
・ウルトラヴァイオレット
・ロカビリーブルー
・ショッキングブルー
・アフターミッドナイト
・アトミックターコイズ ・ライラック
・エンチャンティッドフォレスト
・エレクトリックバナナ
・ヴァージンスノー
【アンダーレベル19】

jooji color **16**

これ、一年と少し前にしたサロンワークなんだけど、今日したよ、って言ってもいいぐらいの気分なので、一年前の俺も頑張っていたんだな。
さぁ、今の俺も頑張ろうー。

17

jooji color

[使用しているマニックパニック]
・エンチャンティッドフォレスト ・グリーンエンヴィ ・エレクトリックバナナ
・ロカビリーブルー ・ライラック ・アトミックターコイズ ・ホットホットピンク
【アンダーレベル19】
ベースカラー／ナプラ「ナシードカラー」
N-N10：N-PS10：N-As10：N-LAs10：N-Vi10＝10：2：2：2：1＋オキシ3%
※複数回黒染めを繰返したアンダー2レベル程度の黒髪を6回ブリーチで
19レベルまでリフトアップしている。
ブリーチ剤：ナプラ「アクセスフリーパウダーブリーチ」＋オキシ6%（1：1.5）

Photo：Akiko Isobe

jooji color 18

一目見て「あ、joojiが染めたんだな」ってわかるカラーで僕の世界観を出せたヘアーカラーだね。2011年頃から、この手のカラーに取り組んでいて、毎年、進化を続け、配色やバランス、スライスの厚さなど2016年版ベストだと言えるセクションカラーの完成。

[使用しているマニックパニック]
・クレオローズ
・コットンキャンディーピンク
・ウルトラヴァイオレット
・ミスティックヘザー
・ライラック
・ヴァージンスノー
【アンダーレベル19】

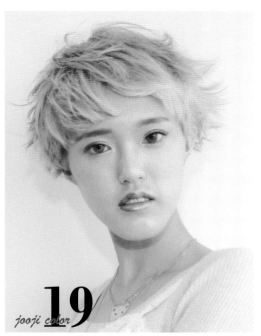

[使用しているマニックパニック]
・ホットホットピンク
・コットンキャンディーピンク
・クレオローズ
・ショッキングブルー
・アトミックターコイズ
・ライラック
【アンダーレベル19】

jooji color 19

このカラーは、スターバックス「DAZZLING.DELICIOUS」に着想をえたもの。

Left side

Back side

Right side

gris☆ collection

グリといえば、 カラーリングのイメージで、 ただひたむきに髪を染めていました。

深呼吸をして、気がついたら、淡いところがあったり、
濃いところがあったり、場所で色を変えたり、
時には柄までつけちゃったり。
ひたむきに髪を作るとなにか新しい予感がする。

gris☆「グリ。」

魔法使いjoojiとファンキーなマスコットガールKARINが、2009年に大阪ア
メリカ村にオープンさせた美容室。全面真っ赤に塗装された幻想的な空間
で、「女の子の"なりたい"を叶える」美容室としてSNSで話題となり、個性的
な女の子たちを魅了。次第にブリーチ専門店としての評価を高め、後に「ブ
リーチの神様」、「塩基性カラー
の魔術師」などと称されるjoojiの
ブリーチオンカラー専門家として
のキャリアをスタートさせる契機と
なった。joojiが最も深く愛した美
容室で、joojiを語るうえで欠くこ
とのできない場所、それがgris☆
「グリ。」だ。

写真上）日本人の場合、青から先に色落ちするという特性をいかし、カラー後
3週間でホワイトヘアの中にほんのりピンクと水色が散りばめられるようにカ
ラー。この作品のようなカラースタイルは、色落ちが独自で、毎日変わっていく
から、鏡を見ても楽しいし、周りからも「あれ?また染めたの?可愛い」って褒めら
れたりするハッピーなカラーです。遊び心でドッド柄までつけちゃった。
［使用しているマニックパニック］
・ホットホットピンク・コットンキャンディーピンク・クレオローズ
・アフターミッドナイト・ショッキングブルー・バットボーイブルー
・アトミックターコイズ・ライラック・ヴァージンスノー【アンダーレベル:19】
写真下）場所によって印象が変わるヘアカラー。ここから見る景色は不思
議な雰囲気。左右で印象を変えながら可愛さとかっこよさを。
［使用しているマニックパニック］
・アフターミッドナイト・ショッキングブルー・アトミックターコイズ・ライラック
・エンチャンティッドフォレスト・グリーンエンヴィ・エレクトリックバナナ
・ヴァージンスノー【アンダーレベル:19】

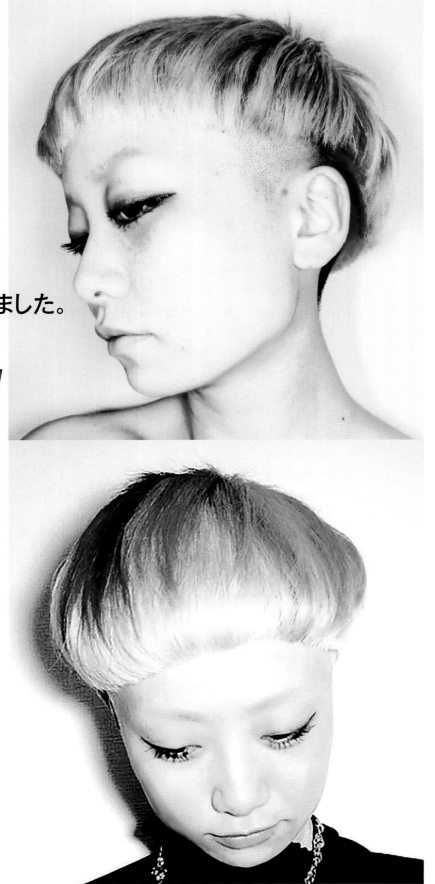

今のかわいいを作る。

gris☆にはカルテが無かったのですが、「お客様の髪の毛が履歴だからカルテはいらない。お客様の今を見てるから今のお客様とカウンセリングをして、今のお客様に似合う可愛い、かっこいいを作りたい。」とjoojiはよく言っていました（KARIN）

オーダーは奇想天外。

このページに載っている写真は全てgris☆時代のもの。右の写真は、2010年くらいのサロンワークの写真で、「モンスターズインクみたいな雰囲気で」とのオーダー。僕は「え!?そんな楽しそうなことしていいの!?」って言いながら作っていったな。そのことをインスタに投稿したら、おもしろオーダーが増えたんだった。イラスト持ってくる子がいたり、大切なお洋服を持ってきて、「これを着ているわたしに似合うように」や、風景画や銀河、宇宙の写真を見せてきて、「こんな感じ」とか。単語を並べられて「これで色作って」。ある時は音楽をかけられて「これから連想する色にして」とか。それはそれで楽しいよね。

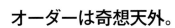

jooji は魔法使い

そーすけ

「一度でいいから髪を真っ白にしてみたい。」
そう思ってホワイトブリーチに強い美容師さんを探していたらジョージさんに出会いました。
ジョージさんは繊細かつ精密な技術で僕の髪を理想と寸分違わない純度の高い白にしてくれました。
驚く程髪も痛まず、まるで魔法のようでした。ヘアモデルの仕事もジョージさんの作品としてが人生初でした。今ではたくさんお声をかけていただけるようになりましたが、この道も素敵なヘアにしてくれたジョージさんが開いてくれたものだと思っています。
安っぽい言葉しか出てきませんがジョージさんに出会えてとても幸せです。あなたの作品になれて光栄です。ありがとうございました。

あられ

ジョージさんとはいつもドキドキさせてくれる人。
人生で出会えてよかった人。好きなもののこだわりと情熱を学ばせてもらった人。

あぴ

初めてジョージさんにお会いしたのは5年ほど前のことです。真っ赤な壁の部屋に金髪のジョージさんがいて不思議な空間に凄くドキドキしました。初めてカラーをして頂いた日、仕上がりを見た時にトキメキが止まらなくて速攻自撮りして友達に送った事を今でも覚えています（笑）
ジョージさんは私の中で唯一無二の魔法使いでした。些細なニュアンスでも汲み取ってくれて毎月、毎月魔法をかけてもらって、帰り道は必ずニコニコしながら帰っていた事を今でも鮮明に思い出せます。
染めたては勿論、色落ちの過程までずっとずっと可愛くて、ジョージさんが作り出していたスタイルが今も昔も変わらず大好きです。来世でも可愛くしてね、ジョージさん。

早乙女シヲリ

初めて17歳の時にjoojiさんにお会いしてからもう10年が経ちますが…あんなに素敵なカラーの魔法を使える美容師さんはjoojiさんだけ！

福岡の田舎からjoojiさんにカラーをしてもらうだけのために大阪まで行っていました。私の美容人生のきっかけでもある方です。

好きだからこその探究心、があるからこその技術だったんだな…と技術者になった今ひしひしと感じています！
今また会えるならもっと色んなことを話したい、聞かせて頂きたいです!!

ayu

最初の印象は、「きっと変態で、きっと天才」。
ゆるーいトークもしつつ、けど髪を見ている時のjoojiさんの頭の中では、この子にはこれが似合うっていう答えみたいなものが見えている気がして、たまに自分を見透かされているようで恥ずかしかったな。
joojiさんのことを魔法使いって思うお客さんもいる中で、私もすっかりその魔法に魅了されて、joojiさんにしか髪を触らせたくないって気持ちでずっと通い続けていました。
時に熱く、チャーミングで変態チック、いろんな表情を持っているのがjoojiさん。
きっと今もどこかで女の子に魔法をかけ続けてるって、そう思っています◎。

中村胡桃

joojiに初めてカラーをしてもらいにグリに行ったのは、確かハタチの頃でした。初対面のjoojiは、オーラがすごくて少しこわかったけど、話してみると面白い人でした（笑）
初めて髪を染めてもらった時の感動と衝撃は未だに忘れられません。joojiと出会ってからの私は、それまでと違って自分に自信が持てるようになりました。髪が可愛いだけで、こんなにも気分が上がるんだなって、joojiのカラーのとりこになりました!!
joojiのカラーは、色落ちしてからもずっと可愛いです。写真は私が一番好きなスタイル。色落ち後は桜色のようなピンクに変わり、joojiが、わたしに似合うピンクを作ってくれた、最高に大好きなスタイルです。

YUKA

染めたても色落ちしてからも、どの瞬間も可愛いカラーをしてくださります。ジョージさんは色の魔術師です。

Q

joojiさんは私の出会った美容師の中で、本当に唯一無二の最高の美容師！jooji
さんはいつも、したい髪型よりも先に、これからしたいファッションを聞いて
くれる。そして、それに合ったスタイルになるようにファッションを軸としたヘアの
提案をしてくれる。今まででファッションに重点を置いて髪を考えてくれる美容
師はjoojiさんしか居なかったし、いつも冒険させてくれて本当に楽しかった！
最後まで美容師で居ることを選んだ姿も、本当にjoojiさんらしくてちょっと笑っ
てしまいました。どこまでも心は熱く、そして気持ち良いほどの変な人です。自分
の事をいつも魔法使いと言っていましたが、本当にこういう人の事を言うんだと
思います。心から感謝している、恩人の一人です。

saki

ジョージさんは魔法使いです。
欲張りな私の我儘をいつも笑いながら叶えてくれ
ました。
椅子に座ってから、「はい、できたよ」と言われるま
で、今日はどんな色になるんだろうと待っている時
のわくわくと、出来上がったかわいい髪で街を歩
いたり、鏡を見た時の嬉しさが忘れられません。
あの真っ赤な部屋でジョージさんとかりんちゃん
が、自分の想像していた以上に髪をかわいくして
くれる時間が大好きでした！

かえら

私の青春時代はジョージとグリと共にありました。
グリに行くとジョージさんは、ニュアンスで全て
捉えてくれて、期待以上に可愛くしてくれるし、
無茶な要望にも沢山応えてくれました。
昔の自分が素敵でカッコ良くいれたのは、ジョー
ジさんのヘアカラーのお陰です。

yuki

大阪、アメリカ村。
ビルの3階の
小さな美容室gris☆

勇気を出して初めて
グリに行った日から
私の人生はきっと変わった。

いつも魔法のように可愛く、
なりたい私にしてくれた
ジョージさん。

本当に魔法使いだと思った。

グリに行く度に沢山の
幸せをもらいました。

本当に本当に
ありがとうございました。

gamo

グリは私が初めて奇抜な髪をしてもらった特別な場所！
ジョージさんはもうよい意味で異次元の人で毎回完璧な
カラーリングをしてくれるから大好きでした！

なみへえ

初めてジョージさんに染めてもらった写真。
行ってよかったって思えて、そこからgris
に通うようになりました！フワッとイメージ
を伝えるだけで思い通りのカラーになっ
てるのが毎回好きだったし、すごいなって
思っていました。

mamy

ジョージさんは、初めてのヘアコ
ンテストで人前を歩けないくらい
のカラーになって悩んでいたとき
に、助けてくれた救世主！斑らな
ブルーから、ササっと施術してくれ
た髪の毛は綺麗すぎて感動した
のを今でもハッキリ覚えています。

ゲスト Voice

jooji は魔法使い

AKARU

joojiさんとの出会いはmixiです。初めてお会いした時は、彼の持つただならぬ雰囲気（褒めています）に戸惑いましたが、すぐにリピーターになりました。
頭皮が弱かった私でも、ブリーチをせずにとても可愛い色に仕上げてくれるし、ショートスタイルがとにかく上手！ ほぼ毎回イメージは伝えてあとはお任せで、と信用してオーダーすることが出来ました。仕事柄、奇抜な髪型は出来なかったわたしでも、人とは一味も二味も違ったお洒落なスタイルにしてくれるjoojiさんの虜でした。

erika
joojiさんは、わがままな可愛いを叶えてくれる人！

ayumi

当時姫路で美容アシスタントをしていた私ですが大阪で流行る髪型は2か月後に姫路で流行るとよく言われていて、奇抜なヘアカラーをしている子が中々周りに居ないし、ノウハウも伝わってこない中、彼が生み出すヘアカラーは魔法だなって憧れの存在でした。ジョージは私を田舎臭すぎて『芋』って呼んでました（笑）丁寧に丁寧に変身させてくれました。

Yui @yndesyonyn

真っ黒髪の高校生だった私を見つけて気に入って声を掛けてくれたのがjoojiさんにお世話になるきっかけでした。
あの日から、ヘアカラーの魅力に惹かれて、私の美容師を目指す基軸が出来ました。
毎回、魔法の様なヘアカラーをしてくれて、目も感覚も肥えました。
その感覚が当たり前になった私。
今では私が美容師として、joojiさんから身をもって感じた感覚、技術、をお客様に落とし込んでいます。
いつか伝えたかったありがとう。もっと早くに伝えてればと何度も後悔しました。
遅くなりましたが、ありがとうございました。
ずっと憧れです。師匠。
写真は初めてカラーしてもらった日の写真です。夢の様な時間を忘れません。

miku

『ジョージは魔法使い』
結局のところそこに辿り着く子が多いと思う。短い間だったけど沢山の出逢いのキッカケをくれて、本当に感謝してます。私の髪を可愛くしてくれてありがとう。グリのような素敵な空間を堪能できたことも幸せでした。隠れ家のような、非現実をみているような空間だったよ。今でもあの場所を通ると胸が熱くなります。

八木美幸

10年ほど前、たまたまホットペッパーで見つけたグリの内装写真にひかれ、田舎でうずうずしていた私は、思い切ってグリに予約を入れ、そこから私の人生はより彩りのあるものへと変っていきました。ピンク、紫、緑、地元では珍しく、当時の私にとって、それはそれは誇らしかったです。当時のことを、このような形で振り返ることになるとは思ってもみませんでしたが、生前は大変お世話になり、とても感謝しています。

辻村

ジョージとは
魔法の館の怪しい魔法使い。ジョージが髪に触れば、それはそれは素敵な魔法がかかり、キラキラで新しい世界を与えてくれました。美容室の帰りにこんなにワクワクでドキドキの気持ちにして帰してくれるそんな魔法使いでした。しかも中毒性あり（笑）私の人生のキラキラを創り出してくれた1人と言っても過言ではありません。

ちびんぬ
joojiは、私に魔法をかけてくれた人。
楽しかった青春時代の全てです。

最初にお店に行った時に、叶わないと知っていたけれど、思ったことがある。
「この人に一生髪をやってもらいたい！」
ジョージさんは、ぼくの大好きなフリーランスの美容師さん。
大阪出身で、年齢はきっとぼくの二、三倍。何もはっきりとは知らない。
でもこれだけは知っている。自分が可愛いと思う、ヘアスタイルを誰よりもハードに追求していた人だった。

ジョージさんの髪についての詳しさは、半端じゃなかった。

髪を白くしたい時は補色である紫を入れることや、頭皮一センチほどは体温で色が上がりやすいことは、ブリーチを経験している人なら聞いたことがあると思う。
一方で、ジョージさんが話してくれた内容といえば、トリートメント内部の成分の話やアルカリ性カラーと酸性カラーの話などで、詳しすぎて科学者なんじゃないかと思うレベルだった。
ジョージさんが長いキャリアの中で積み上げてきたカラーの理論を、一客でしかなかったぼくにもたくさん教えてくれた。
髪について、ワクワクしながら話しているジョージさんを見ていると、雑誌を読む暇なんてなかった。

ジョージさんはハードワーカーだった。
最初の頃は、原宿のKORDではなく、代官山のLove'Lockという美容室の2Fを借り、月の半分は大阪、月の半分は東京で、営業していた。
ほとんど休みはないと言っていて、一人でも多くの人を可愛く、かっこよくするために働いているんだろうなと思った。
そして店にアシスタントさんはいなかった。
シャンプーからカット、カラー、撮影、会計まで全てジョージさん一人でやっていた。
「アシスタントさんいないと大変じゃないですか?」と聞いたことがある。
その時は少し曖昧な回答をくれて、最終的にはぼくの中で二つに帰結した。
根本的にジョージさんは、髪について考えている時間が幸せだから、それがどんな仕事であっても苦だと思ったことはないだろうな、ということ。
そして現実的に考えれば、ジョージさんのハードワークについてこれる人は、いなかったんじゃないかな、ということ。
そんな考えに帰結したものだから、美容師でもないのに、弟子入りしてジョージさんと一刻も早く働かないといけないのでは? と考えてしまった。
そう、ジョージさんのこの技術を絶やすことは、美容界にとってもマイナスなのではないかと大きなスケールで考えてしまうほどに、ジョージさんのハードワークという基盤は、素晴らしい技術と知識を構築していたように思う。

ジョージさんは優しくて面白い人だった。
「いらっしゃーい。今日はどうするー?」ふわっとした口調の大阪弁。
ジョージさんにはいつも、たくさんの質問を投げかけていた。ジョージさん自身の過去の話や、今どういうことに興味があるかといったことを聞いていた。

・いくつものコンテストに参加していた時の話
・自分の好きなスタイルを作り上げようと思った経緯
・東京に一人で出てきた理由
・時代の移り変わりとともに消費者の選択肢が増え続けている話
・これからやりたいと思っていること

たくさんのことをジョージさんから聞いた。
ジョージさんはいつも前を見ていて、過去の話でもマイナスなことは絶対言わなかった。
ぼくがきちんと話をしたことのある仕事人の中で、おそらくジョージさんが一番年上だった。
実際には分からないが、長く生きている分、人生の中で大変なことも多かったのではないかとなんとなく感じていた。
でもジョージさんの口から、愚痴や挫折、辛かったという話はもちろん、周りの色んな立場の人が聞いた時に、傷つくかもしれない言い回しすら、聞いたことがなかった。お客さん相手に、当たり前に聞こえるかもしれないが、三年間通っていて、たくさんの話を聞いていた中で、ほんの一言もなかったのだ。
あれだけ知識も技術も持っている人であれば、他の美容師のやり方のイケていない部分などに対して指摘してもおかしくない。でも聞いたことはなかった。
だから人間として、とても尊敬していた。どう考えてもかっこよかった。月に一回、ジョージさんの話が聴きたくて通っていた。

ほんとうに色んな髪をジョージさんにやってもらった。黒髪でなければいけない時期も、丁寧なカットでいつも可愛くしてくれた。お互いの可愛いが共有できていたから、説明はほとんど不要だった。

最初から叶わない願いだとは知っていたけど、こんなにも早く信じていられなくなるなんて思ってなかった。

ジョージさんは「ちょっと病気で療養するんだー。」と言っていた。
療養が明けると、すごく痩せていて、顔色も悪かったけど、相変わらず優しかった。
「今は一日中は働けないけど、すぐ元気になるからね〜。」
自分の身体のことよりも、たぶん髪のことを考えていて、その時も最高の髪にしてくれた。
ある月、毎月の変わらない予約の連絡を入れたら、しばらく返信がなかった。
その後、おそらくKORDのスタッフさんから、ジョージさんが倒れて再開時期は未定と聞いた。
でもジョージさんはやっぱりいつでも前を見ていた。

その後も、Instagramには、「元気だよー。」という報告の動画の中で、今後のブリーチ・カラーのキーワードについて語った自撮りがアップされていた。
いつものように、これからの時代のこと、これからのヘアスタイルのことを考えていた。
また「第二章」と名した、ジョージさんの今後の心意気も綴られており、本当にこの人の頭の中は髪のことでいっぱいなんだなと思っていた。

だが、そこから更新はなかった。
だからもしかしてとは思っていた。
でも信じたくなかった。

その後、投稿された内容を見て、喉がつかえた。ジョージさんが死んだという。しかも最後の投稿をアップしたあと、二週間もしないうちに。

自分の好きなヘアスタイルを追求し続けるジョージさんは、かっこよかった。
素晴らしい技術を持っていても、謙虚で優しく奢らないジョージさんは、かっこよかった。
いつも前だけを見て、弱音を吐かずに生きているジョージさんは、かっこよかった。

好きなことを最後まで続ける、強い意思を持った人に出会えて良かった。

美容師じゃなくても、ジョージさんみたいな人になりたい。

mayumanson

20
jooji color

4種類のピンクを使用したザ・フェアリィ・カラー

1人の女の子を魔法を使って妖精にしました。4色のピンクと、2色のブロンドに、ピンク紫とラベンダー、ブルーの全9色を使用。「4種類のピンクとetc..」ってインスタに書いて投稿したら、その後来たたくさんのお客様に「ピンクにもいろんな種類あるんだ」とか、「わたしもいろんなピンクいれたい」、「とにかく可愛い」って、反響がすごかったスタイル。
[使用しているマニックパニック] ・ホットホットピンク ・コットンキャンディーピンク ・ミスティックヘザー ・プリティーフラミンゴ ・ライラック ・ウルトラヴァイオレット ・ヴァージンスノー ・ショッキングブルー ・アトミックターコイズ【アンダーレベル:19】
※4種類のピンク・ホットホットピンク ・コットンキャンディーピンク ・ミスティックヘザー ・プリティーフラミンゴ

21 同色相による明度コントロールしたグラデーションカラー

jooji color

僕の代表的なテクニックの一つである塩基性カラーを用いた明暗テクニックを使用した作品。濃いブルーからスカイブルーへと、明度をコントロールすることでグラデーションをかけた。紫を使うことにより、色落ちが不思議な世界になります。「ロングはグラデーションが可愛いな!」って思うカラーですね。
[使用しているマニックパニック]
・アフターミッドナイト ・ショッキングブルー ・ライラック ・アトミックターコイズ ・ヴァージンスノー【アンダーレベル:19】

jooji color **22**

jooji color **23**

[使用しているマニックパニック]
・ホットホットピンク ・コットンキャンディーピンク ・クレオローズ ・ウルトラヴァイオレット
・ライラック ・アトミックターコイズ ・ショッキングブルー ・アフターミッドナイト
【アンダーレベル19】

ブルーラベンダーとブルーのインナーカラー。特にロングやミディアムで三つ編みなどの
アレンジをする女の子はインナーカラー入れると、とにかく可愛いです。
[使用しているマニックパニック]
・ホットホットピンク ・ウルトラヴァイオレット ・パープルヘイズ ・ライラック
・アフターミッドナイト
・ショッキングブルー ・ロカビリーブルー ・アトミックターコイズ【アンダーレベル18.5】

jooji color **25**

jooji color **24**

「doll white gray lavender」。
今後ハイトーンは り細やかな色の設定の世界へと向かって行くと思う。
「どこまで白みを出すか!?」。透明感や透け感、くすめてみたり、濁らしてみたりと艶の出し
方、あるいはグレーやアッシュなどの寒色?ピンクなどの暖色?ブロンド味を活かしたり、い
ろんなホワイト系カラーの世界を自在に表現していこうと思う。
[使用しているマニックパニック]
・ブルースティール ・ライラック ・ヴァージンスノー【アンダーレベル19】

地毛が真っ黒で、黒染めも濃く残ってたんだけど・・・頑張ってブリーチしたな。うん!
頑張った!はい、可愛いの出来上がり。
【アルカリカラーのみ／アンダーレベル18.5】

26

jooji color **26**

ヌードピンクラベンダーのホワイトブロンドカラー。僕が思う、今の、これからの東京のハイトーンカラーはこうだよね、って感じのアプローチです。
[使用しているマニックパニック]
・コットンキャンディーピンク ・クレオローズ ・ミスティックヘザー ・ヴァージンスノー
【アンダーレベル18.5】

jooji color **28**

ダークグレーからハイトーン・パステルカラフルヘアーへのグラデーションカラー。上の方は落ち着いたカラーで毛先に遊びを入れたロングやミディアムの方にお勧めのカラースタイル。
[使用しているマニックパニック]
・ホットホットピンク ・フューシャショック ・アフターミッドナイト ・ショッキングブルー
・ライラック ・アトミックターコイズ【アンダーレベル18.5】

jooji color **29**

jooji color **27**

消えてなくちゃえ!!!って感じの色素薄い系カラー。くすませたホワイトと毛先にほんのり薄ピンクをつけたグラデーションカラー。
[使用しているマニックパニック]
・コットンキャンディーピンク
・ホットホットピンク
・ライラック
・ヴァージンスノー
【アンダーレベル19】

ハイトーンのブルージュカラーに、はっきり目に水色グレーを発色させたカラー。
[使用しているマニックパニック]
・アフターミッドナイト ・ショッキングブルー ・ライラック ・アトミックターコイズ
【アンダーレベル18.5】

joojiのパステルカラーのプロトタイプ

今から5年前だよ! 5年前。出来上がったときは凄い感動したし、この写真を携帯に保存した女の子がたくさんgris☆に押し寄せてきたし、いろいろ凄かったな。おかげで今では簡単にパステルが作れるようになった。思い出深いサロンワークの写真です。

[使用しているマニックパニック]
・コットンキャンディーピンク ・ホットホットピンク ・ライラック
・ショッキングブルー ・アトミックターコイズ
【アンダーレベル:18.5】

jooji color 31

ホワイトラベンダーブロンド。
[使用しているマニックパニック]
・コットンキャンディーピンク
・ホットホットピンク
・ライラック
・ヴァージンスノー
【アンダーレベル19】

jooji color 32

ラベンダーグレー系からブロンドグレージュへの外国人風グラデーションカラー。
[使用しているマニックパニック]
・ライラック ・ヴァージンスノー
【アンダーレベル19】

ピンクの発色のさせ方を少し変えてみようと思ってやってみたんだけど、なんともいえない可愛い発色の仕方をしていて、僕も本人も凄く気に入ったグラデーションピンクです。
[使用しているマニックパニック]
・ヴァンパイアレッド ・ホットホットピンク ・コットンキャンディーピンク ・ウルトラヴァイオレット ・ライラック
【アンダーレベル18.5】

jooji color 33

34）ホワイトピンクブーム到来【アンダーレベル18.5】
35）このカラーはマニパニなど使わなくてアルカリカラーだけで発色させてるんだ。この発色具合が味噌だよ。
綺麗に発色させるにはきちんと放置時間をおいて完全発色を目指すことだよ！【アンダーレベル18.5】
［使用しているマニックパニック］
34）・コットンキャンディーピンク ・ホットホットピンク ・クレオローズ ・ミスティックヘザー

36）ピンクはピンクでも白みのある淡いピンク。【アンダーレベル19.5】
37）フィルターを掛けたように、光があたることで内側と表面の色が混じり合うカラーを「フィルターカラー」と呼ぶが、
これはピンクで表現したフィルターカラー。【アンダーレベル18.5】
［使用しているマニックパニック］
36）・コットンキャンディーピンク ・ホットホットピンク ・ライラック ・ヴァージンスノー　37）・コットンキャンディーピンク ・ホットホットピンク ・クレオローズ

jooji color
38
ピンクラベンダー。ピンクホワイトに、
ラベンダーを少し感じさせる程度に
発色をさせて。
[使用しているマニックパニック]
・コットンキャンディーピンク
・ホットホットピンク
・ミスティックヘザー
・ライラック
・ヴァージンスノー
【アンダーレベル19】

jooji color
39
薄ピンクからのグレージュとピンクの
グラデーションカラー。お人形のよう
な質感のハイトーンピンクヘアーに
しました。
[使用しているマニックパニック]
・コットンキャンディーピンク
・ホットホットピンク
・ライラック
・ヴァージンスノー
【アンダーレベル19】

40 ホワイトシルバー系から水色ブルーへのグラデーションカラー。

jooji color

2015年に人気があったカラースタイル。ホワイトにグレーが少し混じったベースカラーと、ブルーのグラデーション。
染め終わって、乾かしてるときに、この女の子に「カチッ」とはまったな!と思ったカラーだった。
[使用しているマニックパニック]
・ヴァージンスノー ・ブルースティール ・ライラック ・アフターミッドナイト ・ショッキングブルー ・アトミックターコイズ【アンダーレベル:19】

ん、なんだろ。笑　ブルーとは呼べなくて、水色でもないんだけど。水色よりも、
少しブルーを感じさせる「綺麗な色!」と言っておくね。
［使用しているマニックパニック］
・ショッキングブルー　・ブルームーン　・ライラック　・アトミックターコイズ
【アンダーレベル19】

jooji color **41**

jooji color **42**

アイスブルーグレーからのパステ
ルピンクへのグラデーション。この
アイスブルーグレーとは、水色グ
レーという色。
［使用しているマニックパニック］
・アフターミッドナイト
・アトミックターコイズ
・ライラック
・コットンキャンディーピンク
・ホットホットピンク
・クレオローズ
【アンダーレベル18.5】

黒からラベンダーホワイトへのグラデーション。
一色の髪も素敵だけど、ロングならその髪の長さをいかしたアプローチが、僕の中
で旬だなと思っていて、黒とか濃いグレーからのグラデーションが雰囲気だせると
思っている。
［使用しているマニックパニック］
・ウルトラヴァイオレット　・アフターミッドナイト　・ライラック
【アンダーレベル18.5】

jooji color **43**

jooji color **44**　外国人風ではなく外国人になれるヘアカラー。
［使用しているマニックパニック］
・パープルヘイズ　・ミスティックヘザー　・ライラック【アンダーレベル19】

jooji color 45

表面はグレーで、髪の内側で楽しむ
カラフル・インナーセクションカラー。
[使用しているマニックパニック]
・エンチャンティッドフォレスト
・グリーンエンヴィ
・ホットホットピンク
・コットンキャンディーピンク
・ライラック
・アフターミッドナイト
・ショッキングブルー
・アトミックターコイズ
・ヴァージンスノー
【アンダーレベル18.5】

jooji color 46

水色×ブルーグリーン系で作るホワ
イトピンクのパステルカラー。
[使用しているマニックパニック]
・コットンキャンディーピンク
・ホットホットピンク
・ロカビリーブルー
・ライラック
・アトミックターコイズ
・グリーンエンヴィ
・ヴァージンスノー
【アンダーレベル19】

jooji color 47

ネイビー系カラー。
[使用しているマニックパニック]
・エンチャンティッドフォレスト
・ブードゥーブルー
・アトミックターコイズ
【アンダーレベル18.5】

jooji color 48

[使用しているマニックパニック]
・エンチャンティッドフォレスト ・アトミックターコイズ
【アンダーレベル18.5】

赤の世界。
[使用しているマニックパニック]
・ヴァンパイアレッド ・ロックンロールレッド【アンダーレベル18.5】

jooji color **49**

マーメイドカラー「アクアブルーラベンダー」。
[使用しているマニックパニック]
・ショッキングブルー ・ブルームーン ・ウルトラヴァイオレット ・ライラック
【アンダーレベル19】

jooji color **50**

グラデーションカラー。
[使用しているマニックパニック]
・エンチャンティッドフォレスト
・パステライザー
【アンダーレベル18.5】

jooji color **52**

jooji color **53**

52）そろそろラベンダーも違うニュアンスのラベンダーを作っていかなきゃいけないな。で、こうなった。
[使用しているマニックパニック]
・ライラック
・ショッキングブルー
・ホットホットピンク
【アンダーレベル19】
53）根元から5色へと変化するグラデーションカラー。
[使用しているマニックパニック]
・コットンキャンディーピンク
・ホットホットピンク
・グリーンエンヴィ
・エンチャンティッドフォレスト
・ロカビリーブルー ・ライラック
【アンダーレベル18.5】

Medium hair

奇跡のホワイト系カラーとパステルグリーンの
ナチュラルグラデーション。

54

真っ白な雪のようなホワイトカラーにさりげないパステルグリーン。
がっつりとグリーンを入れないところがこの女の子の雰囲気を生かしたかわいいを作っている。(KARIN)
[使用しているマニックパニック]・ヴァージンスノー・ライラック・エンチャンティッドフォレスト【アンダーレベル19.5】

55

jooji color

黄緑と水色をアクセントにしたクリ
アピンクパステル。
日本人の地毛は黒髪で、クリアと
は真逆。クリアでないものにクリ
アなカラーを出すのは難易度が
高くて難しい。でも、そこに挑戦す
ることにより、いつか、その行為が
何かを生むかもしれないと思うと
僕は頑張りたくなるんだ。
[使用しているマニックパニック]
•ホットホットピンク
•コットンキャンディーピンク
•ライラック
•エレクトリックバナナ
•エンチャンティッドフォレスト
•アトミックターコイズ
【アンダーレベル19.5】

56

jooji color

今年（2016年）の衝撃の一つで
あっただろう、ホワイトブリーチとマ
ニパニで作るホワイトカラー。
このホワイトヘアーのポイントはた
だ一つ。どこまで綺麗に均一にブ
リーチできるかにかかっている。
ブリーチを均一にするってとって
も大切なことなんだよ!ということ
を伝えるのに、とてもわかりやすい
例だったと思っている。
[使用しているマニックパニック]
•ライラック
•ヴァージンスノー
•パステライザー
【アンダーレベル19.5】

57) エメラルドグリーンのセクションカラーと逆ナチュラルグラデーションカラー。【アンダーレベル:18.5】

58) 全体をホワイトグレーに、前髪だけのアクセントが2016年ぽいと思っています。【アンダーレベル:18.5】

59) ベースカラーと6色のアクセントカラーが織りなす「七色の超パステルカラー」。根本にピンクを滲ませて、セクションを細めにとり寒色系のパステルを多めに入れて、「何色ですか!?」と聞かれたら「何色なんだろー?」としか答えられないところがポイントかな。色のジャンルを凌駕したいなって思いながら染めたんだ。【アンダーレベル:18.5】

60) 今日のホワイトヘアー。白にはいろんなバリエーションがあって、少なくとも数十種類、いや、もしかしたら100種類以上のホワイト系カラーを作り出せるのでは!?と思っていたりもする。【アンダーレベル:19.5】

[使用しているマニックパニック]
57)・ヴァージンスノー ・ミスティックヘザー ・ライラック ・グリーンエンヴィ
58)・コットンキャンディーピンク ・ホットホットピンク ・ライラック ・アフターミッドナイト ・アトミックターコイズ ・ヴァージンスノー
59)・コットンキャンディーピンク ・ホットホットピンク ・ライラック ・アフターミッドナイト ・ロカビリーブルー ・アトミックターコイズ ・ヴァージンスノー
60)・ブルースティール ・ライラック ・ヴァージンスノー

61

jooji color

ホワイト系ベースに、
水色のセクションカラー "メッシュ"。

Back side

2016年に女の子から人気があったカラー。
色合いのバランスと、水色ブルーのインナー
セクションカラーの分量などが綺麗にまとまっ
ていて、カウンセリング時に「可愛い」とよく画
像を提示された。
この髪色を黒髪から作るとしたら、4～5回の
ブリーチが必要で、なおかつある程度の期間
ハイトーンを維持していること。
[使用しているマニックパニック]
・ショッキングブルー ・ライラック
・アトミックターコイズ ・ヴァージンスノー
【アンダーレベル19】

62）ほんのりピンク系のアルカリカラーと、薄いピンクの毛先だけのピンク
のカラートリートメント。pink×pinkのグラデーションカラーだよ!
[使用しているマニックパニック]
・コットンキャンディーピンク ・ホットホットピンク
【アンダーレベル18.5】
63）「透明感ある くすんだ色」をテーマに作った作品の一つ。
くすんだグリーンカラーで、2015年に人気が高かった。
[使用しているマニックパニック]
・エンチャンティッドフォレスト ・グリーンエンヴィ ・アトミックターコイズ
・エレクトリックバナナ
【アンダーレベル18.5】

jooji color **63**

64
jooji color

64) オーダーが、2016年の夏用に僕が考えていた新色
「水色アイスブルー」に近かったので、先駆け的に染めた作品。
[使用しているマニックパニック]
・ショッキングブルー ・ライラック ・アトミックターコイズ
【アンダーレベル19】

65) 夏は太陽の光や反射に髪色がどう見えるか？どう見せるか！？を考えて
僕はカラーをするからワクワクするよね。夏の太陽光の下ではハイトーンは
最も技術者の力量が問われるから腕の振るい甲斐があるよね。
[使用しているマニックパニック]
・コットンキャンディーピンク ・ホットホットピンク ・パープルヘイズ
・ウルトラヴァイオレット ・アフターミッドナイト ・ライラック
・アトミックターコイズ
【アンダーレベル18.5】

65
jooji color

Bob hair

jooji color **66**

イエローグレーからグレー、イエローへのグラデーションカラー。
「ねぇ、こんな色 見たことないでしょ!?」
［使用しているマニックパニック］
・エレクトリックバナナ ・グリーンエンヴィ
【アンダーレベル:19】

68

67）ホワイトピンクのグラデーションカラー。外国人のボブを意識して切ったボブですね。ハイトーンとの相性は抜群です。
［使用しているマニックパニック］
・コットンキャンディーピンク
・ホットホットピンク
・ミスティックヘザー
【アンダーレベル:19】

68）「前衛的に!」がオーダーだったので、「任せて!」と目を輝かせながら染めて髪を切った。
［使用しているマニックパニック］
・グリーンエンヴィ
・エンチャンティッドフォレスト
・アトミックターコイズ
【アンダーレベル:18.5】

69）ピンクの逆グラデーション× ピンク細メッシュ。【アンダーレベル:19】
70）マチルダボブ×インナーカラー。【アンダーレベル:19】
71）根元をブラックにしてグレイッシュなホワイト系へ。【アンダーレベル:19】
72）pink×pink×white×lavender【アンダーレベル:19】
［使用しているマニックパニック］
69）・パープルヘイズ ・ミスティックヘザー ・ライラック
70）・ヴァンパイアレッド ・クレオローズ ・ウルトラヴァイオレット ・ライラック ・ショッキングブルー ・アトミックターコイズ ・エンチャンティッドフォレスト ・エレクトリックバナナ
71）・ヴァージンスノー ・ブルースティール ・ライラック
72）・ヴァージンスノー ・コットンキャンディーピンク ・ホットホットピンク ・ミスティックヘザー

73）赤髪。【アンダーレベル:18.5】

74）外国人の方がオレンジにしているのを見かけるけど、オレンジにする日本人の女の子は少ないのであえてオレンジを。インナーに黄色のアクセントをつけたパステル系カラフルヘアー。
【アンダーレベル:18.5】

75）この水色にはわずかなグラデーションをかけていて、色がとれていくとき、根元にほんの少し水色が残り、毛先は白っぽくなるようにカラーしている。【アンダーレベル:18.5】

［使用しているマニックパニック］

73）・ヴァンパイアキッス ・クレオローズ

74）・サイケデリックサンセット ・サンシャイン ・エレクトリックバナナ

75）・ショッキングブルー ・ライラック ・アトミックターコイズ

76）ブルー系のフィルターカラー。【アンダーレベル18.5】

77）2015年夏以降、ピンク系で最もオーダーが多かった薄っすらピンクのハイトーンカラー。「わたしもしたい!」っていう女の子多かったな。
【アンダーレベル:18.5】

［使用しているマニックパニック］

76）・アフターミッドナイト ・ショッキングブルー ・ホットホットピンク
・ライラック ・アトミックターコイズ

77）・ホットホットピンク ・コットンキャンディーピンク
・プリティーフラミンゴ ・ミスティックヘザー

ジオメトリックグラデーションボブにブルーのインナーカラーを
アクセントにしたダークブルーグレー系カラー

Left side

Front side

「髪を染める」ってことと同じ情熱で、「髪を切る」っ
てことも、こだわりを持ってやっている。目指すは
「形を生かす色の世界」と、「色をいかす形の世
界」の両方。
[使用しているマニックパニック]
・アフターミッドナイト
・ライラック
・アトミックターコイズ
【アンダーレベル18.5】

79

jooji color

アルカリカラーで作るアイスブルー。
【アンダーレベル19】

80

jooji color

ダークトーンのブルーとハイトーンの
ブルーを混在させたセクションで構
成したフィルターカラー。
[使用しているマニックパニック]
・アフターミッドナイト
・ライラック
・アトミックターコイズ
・ホットホットピンク
【アンダーレベル:18.5】

81

jooji color

アッシュブルーをきかせたグレーヘ
アー。寒色のグレーはクールにも可
愛くもできるから人気ですね。
[使用しているマニックパニック]
・ヴァージンスノー
・ライラック
（メインカラーはアルカリカラーの
グレー）
【アンダーレベル:19】

82

jooji color

高校を卒業したての女の子。ハイ
トーンにしてブロンドに。
根元をピンクにすることで外国人風
の個性的ヘアーに。
[使用しているマニックパニック]
・コットンキャンディーピンク
・ホットホットピンク
【アンダーレベル:19】

jooji color **83**

ホワイト系にくすみを持たせ淡い水
色をかけることによってアイスブルー
系の世界観に。光が当たることによ
り内側と表面の色が混じりあうフィ
ルターパステルカラーです。
[使用しているマニックパニック]
・アフターミッドナイト
・ショッキングブルー
・ライラック
【アンダーレベル18.5】

jooji color **84**

ホワイトラベンダー。
[使用しているマニックパニック]
・コットンキャンディーピンク
・ヴァージンスノー
・ライラック
【アンダーレベル19】

88
jooji color

86
jooji color

85）ホワイト系パステルピンクと前髪の内側にラベンダーのインナーカラー。【アンダーレベル:19】

86）joojiさんといえばグラデーションボブ！
横スライスで切ったカットに、さらに横スライスにブロッキングされたブリーチラインが入ることで 繊細なボブラインが強調される。横スライスのコンビネーションが美しい作品。（杉奈穂子）
【アンダーレベル:18】

87）グレーブルー×ブルーラベンダーのグラデーションカラー。
【アンダーレベル:18.5】

88）「ぱっと見てjoojiが染めたんだろうな」ってわかる僕の代表的なセクションカラーの技法ですね。面構成なボブスタイルに、ブルー、ラベンダー、グレーなど寒色系のハーモニーでアクセントを入れたブルー系セクションカラー。【アンダーレベル:18.5】

［使用しているマニックパニック］

85）・パープルヘイズ ・ライラック ・ホットホットピンク
・コットンキャンディーピンク

86）・エンチャンティッドフォレスト ・グリーンエンヴィ
・アトミックターコイズ

87）・ショッキングブルー ・ライラック ・エンチャンティッドフォレスト
・アトミックターコイズ

88）・アフターミッドナイト ・アトミックターコイズ ・ライラック
・パープルヘイズ ・ホットホットピンク ・コットンキャンディーピンク

89 僕の中で「サロンワークこそが日常のクリエーションの場であり続けていけたらいいなー」って考えながら作成したカラー。
[使用しているマニックパニック]
・ホットホットピンク ・コットンキャンディーピンク ・クレオローズ ・エンチャンティッドフォレスト ・グリーンエンヴィ
・エレクトリックバナナ ・ウルトラヴァイオレット ・ライラック ・ミスティックヘザー【アンダーレベル19】

jooji color **90**

92)「黒×金」。黒と金の相性もいいよね。
[使用しているマニックパニック]
・エレクトッリクバナナ ・エレクトリックリザード【アンダーレベル18.5】
93)「white×blond」
[使用しているマニックパニック]
・ライラック ・ヴァージンスノー ・パステライザー
【アンダーレベル18.5】

jooji color **92**

jooji color **91**

jooji color **93**

90）Candy pink
かっこいいパステルピンクを作ってみました。
[使用しているマニックパニック]
・コットンキャンディーピンク ・ホットホットピンク【アンダーレベル19】
91）ビューティーエクスペリエンス（旧モルトベーネ）「スロウ」によるホワイト系グレーカラー。
[使用しているマニックパニック]
ベースはアルカリカラー（ブラウンマット）その上にマニックパニックでくすみをかけた
・ブルースティール ・ヴァージンスノー【アンダーレベル18】

Short hair

94
jooji color

2013年11月に撮影したやつだけ
ど未だにお客様から「凄いです」、
「これやりたいです」って言われ続
けている写真。「未だにこれ以上の
ハイトーンは作れてないんじゃない
かな?」って思うくらいクオリティの高
いヘアーカラー。思い出深い写真
です。
[使用しているマニックパニック]
・ショッキングブルー
・ライラック
・アトミックターコイズ
・ミスティックヘザー
・ホットホットピンク
・コットンキャンディーピンク
【アンダーレベル:19.5】

僕はいつも頭の中で想像してから、
カラーをしていくんだけど、仕上がり
が、その想像を超えたとき、凄く興奮
したり感動したりする。
だから僕は髪を染めるってことがこ
んなにも好きなのかな。
この写真のカラーも想像を超えたも
ので、3種類のブルーとブラックで作
るセクションカラーだ。表層はダーク
トーンで間からメッシュ状に水色と
かブルーが浮き出るようにした。
[使用しているマニックパニック]
・アフターミッドナイト
・ショッキングブルー
・ロカビリーブルー
・ライラック
・アトミックターコイズ
・ホットホットピンク
【アンダーレベル:18.5】

96
jooji color

個人的に、「1番可愛い色って
何?」って聞かれたら
今は迷わず「黒!」って答える。
だって黒をアクセントにした色を考
えたらワクワクするんだもん。
[使用しているマニックパニック]
・ショッキングブルー
・ライラック
・アトミックターコイズ
・ヴァージンスノー
【アンダーレベル:18.5】

97

jooji color

バンク「前髪」の奥行き、横幅の切り込み方を特徴的にさせたショートスタイル。髪にかどをもたせることによりモード感を出している。

[使用しているマニックパニック]
・アフターミッドナイト
・ライラック
・アトミックターコイズ
・ホットホットピンク
【アンダーレベル:18.5】

98）エメラルドを発色させたホワイト
系水色カラー。
【アンダーレベル:19】
99）ピンクカラー。この写真を撮る
とき、いつも使ってるライトが壊れて!
(笑)急遽ストロボで撮ったんだけ
ど、僕にとってストロボの質感は新鮮
でいいなと思ったからライト壊れてよ
かったんだ!って(笑)
【アンダーレベル:19】
［使用しているマニックパニック］
98)
・ショッキングブルー
・ライラック
・アトミックターコイズ
99)
・ホットホットピンク
・クレオローズ
・コットンキャンディーピンク
・ミスティックヘザー

100）赤メッシュ。
【アンダーレベル:19】
101）春ぐらいから「こんなカラーを
誰かにしたいな!」ってうずうずしてい
たんだけど、やっと作れて僕はご満
悦。エメラルドホワイトのグラデーショ
ンフィルターカラー。
【アンダーレベル:18.5】
［使用しているマニックパニック］
100)
・ヴァンパイアレッド
101)
・エンチャンティッドフォレスト
・グリーンエンヴィ

jooji color 102

「高校を卒業したら、絶対joojiさん
に染めてもらうんだ」って前から言っ
てくれていた女の子。ようやく来た
ね。ホワイトシルバーにくすんだブ
ルーをアクセントに、モードかつカッ
コ可愛く。

[使用しているマニックパニック]
・ショッキングブルー
・ライラック
・アトミックターコイズ
【アンダーレベル:19】

jooji color **103**

見る位置によってニュアンスが変わる「グレイ×ブルー」セクションカラー。
[使用しているマニックパニック]
・アフターミッドナイト
・ウルトラヴァイオレット
・ロカビリーブルー
・ライラック
・アトミックターコイズ
【アンダーレベル:18.5】

jooji color **104**

red×pink×white×black。根元は赤に染めて、ピンク、ホワイト、ブラックのメッシュを入れ、刈り上げ部分は染めないで地毛の黒を残したカラー。グラデーションカットにレイヤーを入れ、ヘアーを動くアートに昇華させたリアルサロンワーク。
[使用しているマニックパニック]
・ヴァンパイアレッド
・ホットホットピンク
・コットンキャンディーピンク
・ヴァージンスノー
・レイヴン
【アンダーレベル:18.5】

jooji color **105**

「世界基準で2017年最も旬で可愛くお洒落なパステルピンク」をテーマに作りました。
この色、本当に繊細なパステルピンクだから日本人やアジア人の髪に作るのは難しいだよ。
アンダーレベル19を越えたから、うん頑張ってお洒落になった。
[使用しているマニックパニック]
・ホットホットピンク
「ホットホットピンク」5gをシュワルツコフ プロフェッショナル「サロンオンリーコンディショナー」300gで希釈【アンダーレベル:19】

Photo：Akiko Isobe

106

108

107

109

106）ブラック、グレー、シルバーで構成されたダークトーン。
セクションの取り方、配置、それぞれの色の明るさや濃さや繋がり、全てにおいてバランスのとれたお気に入りのダークトーンのカラーデザイン。
［アルカリカラー：6レベルのブルーシルバー、8レベルのグレー、10レベルのシルバー］
【アンダーレベル：18】
107）ホワイトヘアーになっていく過程を楽しむグレーラベンダー
【アンダーレベル：19】
108）サイバーな雰囲気を出すため、ホワイトにしながらシルバーの光沢をかけたスーパーハイトーンとジオメトリックなカットライン。【アンダーレベル：19.5】
109）かっこいい女に憧れる。【アンダーレベル：19】
［使用しているマニックパニック］
107）・ヴァージンスノー ・ライラック ・ブルースティール
108）・ヴァージンスノー ・ライラック
109）・ライラック ・プリティーフラミンゴ ・ヴァージンスノー

110

jooji color

レトロな雰囲気で、もろ外国人のブ
ロンドを作っているのですが、白っぽ
くしながら、ピンクを薄っすら発色さ
せるという画期的なことをしている
んです、実は。
[使用しているマニックパニック]
・ホットホットピンク
・ヴァージンスノー
・ライラック
【アンダーレベル:19】

111
jooji color

112
jooji color

113
jooji color

114
jooji color

111)アンティークシルバーグレー。【アンダーレベル:18】
112)「ギャルソンが人生なのでは?」と思うような文化服装学院の女の子。2015s/sのデザインにおけるヘアカラーの役割。【アンダーレベル:18.5】
113)従来のアッシュ系カラーより、外国人のアッシュに近づけたヘアカラー。綺麗な色味を感じるハイトーン。とにかく可愛い。【アンダーレベル:18】
114)ホワイトブロンド。【アンダーレベル:19】
[使用しているマニックパニック]
112)・コットンキャンディーピンク ・ホットホットピンク ・ミスティックヘザー
114)・ヴァージンスノー ・ライラック
※111、113はアルカリカラーのみ使用。

jooji color **115**

[使用しているマニックパニック]
・ライラック
・ヴァージンスノー
・パステライザー
【アンダーレベル19】

jooji color **116**

このジャケットがとにかく可愛かった。
モードな赤、モード感を出すメンズカラー。
[使用しているマニックパニック]
・インフラレッド
・ヴァンパイアレッド
【アンダーレベル18.5】

117
jooji color

118
jooji color

117) ヤバない?太陽の下で撮ってこれだよ。こんなカラーしてしまえる俺もヤバいけど、この髪で雰囲気出してしまえる彼女もヤバいね。とにかくヤバい。そして これが俺の2015年 夏!!「髪を漂白しました」。
[使用しているマニックパニック]
・ライラック
・ヴァージンスノー
・パステライザー
【アンダーレベル19.5】

118)「Tokyo Bird」。一番表面の少し内側に鳥の羽根の模様を忍ばせている。
[使用しているマニックパニック]
・ショッキングブルー
・アトミックターコイズ
・ライラック
・エンチャンティッドフォレスト
・クレオローズ
・コットンキャンディーピンク
【アンダーレベル18.5】

119
jooji color

赤と黒のお洋服に似合う白金に。サイドのフリンジで薔薇の棘っぽくみせて。
[使用しているマニックパニック]
・ライラック
・ヴァージンスノー
・パステライザー
【アンダーレベル18.5】

jooji color 120

過去いろいろなホワイト系カラーを作ってきたけど、クオリティや僕の満足度から考えて、過去歴代ベスト3に入るであろうホワイトブリーチ＆ホワイトヘアー。
アクリル盤を使ってお洒落に撮ってくれたフォトグラファーの磯部さまにも感謝。
[使用しているマニックパニック]
・ライラック
ライラック0.5gをシュワルツコフ プロフェッショナル「サロンオンリーコンディショナー」300gで希釈
ブリーチ剤：ナプラ「アクセスフリー パウダーブリーチ」＋オキシ6％＝1：1.5
【アンダーレベル：19.5】

Photo：Akiko Isobe

jooji Color Theory

技術が上達するポイントを一つだけあげろと言われたら
「上手くなりたい。」そう思いながら実践していくことだけだ。

協力：石田裕治、カタイシマイ、KARIN、坂上岳、佐藤真里、杉奈穂子、田中萌子、
千葉愛、廣瀬玲雄、松岡夏依斗、松岡幸子、松岡春飛、Minako、民部田まどか、
山崎真、山本夏広、鐘田佳久（五十音順）

Let's know

ブリーチの役割を知ろう

髪にはメラニンという色素が含まれており、このメラニン色素の量によって髪の色が決まる。
一般的には、メラニン色素の多い順から「黒→ブラウン→赤→ブロンド→白」になり、メラニン色素は分解されることで髪の明度を上げていくことになる。

日本人の黒髪はメラニンの分解により「ダークブラウン→ブラウン→ライトブラウン→イエロー→ペールイエロー→ホワイト」とトーンを上げて変色していく。

ブリーチ剤は、髪本来が持つメラニン色素を分解し、髪色をトーンアップさせるために用いられる。

ただし、日本人の髪のほとんどは何かしらのカラー履歴の残る既染髪である。
カラー剤は、髪内部のメラニンを分解して、人工的な色素に置き換えることで髪に色をつけている。
そのため、既染毛(既染部)をトーンアップするには、髪本来のメラニン色素だけでなく、カラー剤による疑似色素をも分解させる必要がある。

ブリーチ剤には、メラニン色素だけでなく、人工的な色素も分解する力はあるが、人工的な色素はブリーチでは完全に除去されず、髪内部に残留してしまう傾向がある。

これがいわゆる『残留ティント』だ。

残留ティントへのアプローチについては、後述するので、ここではとりあえず、ブリーチでは、残留ティントの8割程度を除去出来ればラッキーぐらいの感覚で施術するようにしよう。

ブリーチによりメラニン色素が分解された後の髪色をアンダートーンというが、ブリーチには、このアンダートーンを均一に整える重要な役割もある。

とくに既染部では、ブリーチは髪全体のトーンアップだけでなく、アンダートーンを均一に整えるために用いられる。

アンダートーンが均一でなければ色むらの原因となるので、ブリーチを均一に行えるよう心掛けたい。

ブリーチの基本を押さえよう

根元から毛先までのアンダーのトーンに誤差があれば、その後のカラー剤の発色にむらが生じる。

色むらを生じさせないようにするには、ブリーチの基本原理を押さえておく必要がある。

ブリーチ理論の根幹をなす基本原理に、「新生部2センチとそれ以外の部分は全くの別物として対処していかなければならない」というのがある。

ブリーチ剤は熱に反応するため、体温が届く新生部2センチまでと、それ以外の部分とではリフトアップの速度に違いが生じる。
つまり、新生部2センチまでは体温の熱にブリーチが反応することで、リフトの上りが早くなるが、それ以外の部分は体温が届かないのでリフトの上りが遅い。
このことを理解して塗布手順を組み立てていかないと、アンダーのトーンに誤差が生じ、色むらの原因となる。

塗布手順だけではない。
新生部やバージン毛は、既染部に比べて、残留ティントがない分クリアに発色するため、新生部と既染部とではアンダーの削られ方や、にごり、クリア感も違ってくる。
そのため、同じ薬剤の同じ調合では対処することはできず、他の部分よりレベルを下げて使うなどの工夫が必要となることも覚えておきたい。

ただし、ブリーチは万能ではない。残留ティントの全てをブリーチでとろうとすれば、大きなダメージを伴うことになる。

そこで、「残留塩基性カラーについては、ブリーチではなくアルカリカラーで落とす」というのも僕のブリーチ理論を支える大きな柱となる。

残留塩基性カラーのほとんどは、8割から10割程度、アルカリカラーで除去することができるので、ブリーチでは残留塩基性カラーを浮かすぐらいの感覚で施術したほうがいいだろう。

20 Level Scale

Level
20
19
18
17
16
15
14
13
12
11
10
9
8
7
6
5
4
3
2
1

ホーユー株式会社
「20レベルスケール」
joojiのブリーチオンカラー
ではこのスケールが基準
となる。

role of BLEACH

1 放置時間は**30分**を基準に考える

ダブルカラーで思い通りの色が出せないとしたら、まずはブリーチ不足を疑うべきだろう。

求める色により必要とされる明度までアンダートーンを上げるには、ブリーチ時に十分な放置時間をとる必要がある。

ただし、ブリーチに慣れていない段階で長時間放置することは、断毛や切れ毛などのリスクを高めることになる。そのため、ブリーチに慣れるまでは、放置時間は30分を基準に考えた方がよい。なお、放置時間を30分と考えた場合、どこのメーカーのブリーチ剤を使っても大差はないと言える。

むしろ、この段階ではブリーチ剤よりも、いろいろなメーカーのオキシ（2剤、過酸化水素水）を試してみるほうがいいだろう。

実際、同じブリーチ剤でも、オキシを変えることで、リフトの上がるスピードが異なるだけでなく、ダメージや断毛、アレルギーに対する反応も違ってくる。

どこのブリーチ剤を使うかということよりも、オキシを勉強したり、研究したりする方がブリーチへの理解を深める上で有意義だ。

2 **熱**と**酸化**で効率的にリフトアップ

ブリーチ剤は熱に反応するため、熱を加えることで、ブリーチ速度をあげることができるが、過剰な熱はダメージの原因となったり、予想以上に抜けたりするので注意が必要だ。

ブリーチを効率的にリフトアップさせる適正温度は、体温程度の熱。

そのためブリーチ後は、ラップによる自然放置がベストだと考える。このとき、ラップと頭皮の距離は近ければ近いほどブリーチ速度は上がるので、サイドやネープにもラップをしっかりフィットさせるようにしよう。

また、空気による酸化によってもブリーチ速度を上げることができる。

そこで、リフトの上りが不十分だと感じたら、そのまま放置せず、再度塗布（追い塗り）する方が上がりが早く、ダメージも少ない。

再塗布時に髪が空気に触れることで酸化され、メラニン色素の分解により脱色されるからだ。

ブリーチの基本**7**か条

3 **1**来店ブリーチ**2**回説

髪への負担を考えて、ブリーチは1来店で2回まで、バージン毛であれば3回までを上限にすべきと考えていたが、ファイバープレックスの出現で1来店2回説もゆらぎつつある。

というのも、ファイバープレックスを使用して1来店で4回のブリーチに踏み切ったところ、ファイバープレックスを使用した4回ブリーチの方が、ファイバープレックスを使用しない従来の2回ブリーチよりもダメージを感じないという結果が得られたからだ。

今後ファイバープレックスなどの毛髪強化系の処置剤が進化・浸透すれば、1来店2回説は大きく覆されることになるだろう。

ただし、商材に過剰に依存するのは禁物。髪やゲストの状態を考慮してベストな提案ができるよう、創意工夫を心掛け、ブリーチ技術の向上につなげたい。

4 **根元新生部2センチ**は別物と考える

根元新生部2センチは、体温が届くことから他の部分よりもリフトアップし、残留ティントがない分クリアに発色する。

そのため、根元新生部2センチは別物と考えて、塗布順序の組立や、薬剤の調合を行う必要がある。

5 残留塩基性カラーには アルカリカラー が 効果的

マニックパニックやカラーバター、ロコルなどの塩基性カラーが髪の内部に残留している場合、ブリーチですべてを除去しようとすると髪に大きな負担をかけることになる。ブリーチでは残留塩基性カラーを浮かすぐらいの感覚で施術し、基本的には、ブリーチではなく、アルカリカラーで落とすと考えたほうがよい。アルカリカラーで気をつけるべき点は、微アルカリカラーや低アルカリカラーでは効果が薄れるので必ずアルカリカラーを使用すること。および放置時間は20分以上確保することが必要だ。

6 残留ティント は 訓練で見極める力を養う

既染毛では、髪内部に人工的な染料が残ってしまっている。これを残留ティントと言うが、残留ティントをしっかり把握できなければ、色味が沈み濁った発色となってしまうことになるので、日々の訓練で残留ティントを見極める力を養っていきたい。
髪の一部を光に透かしてみれば、残留ティントは濁りとして出てくる。その濁りにカラー剤を塗ったらどのような発色をするかを予想したり、想像したりするだけでなく、実際に塗布して確認したりをルーティン化することで、残留ティントを見極める目は養われていく。もちろん問診によりカラー履歴を聞き出すことも忘れてはならない。

7 ベースブリーチの ムラ は アルカリカラーで補正をかける

塩基性カラーはアンダートーンの影響をもろに受ける。濃い色であれば根元から毛先までアンダーのトーン差が2レベル以上あってもさほど気にはならないが、淡い色やトリートメント希釈したものについては、アンダーのトーン差が1レベル以上あれば色むらとして視覚化されてしまう。
そのため、ベースブリーチに誤差やむらがある場合は、アルカリカラーでアンダーのトーンを均一に近づけてから、塩基性カラーを施術するようにしよう。

ブリーチの基本は、最初に塗ったところと最後に塗ったところの時間をできるだけ短くすること。
とはいえ、慌てて塗って塗布むらを作るくらいなら、ゆっくり丁寧に塗った方がいいですね。
塗る相手は人間ですから、梳かし方やハケの力加減などの全てがお客様には伝わります。
塗布を通じて自分の人間性が伝わっていると思って、優しく丁寧に、
そして可愛くなりますようにと思いながら塗るようにしましょう。
美容学校ではワインディングの練習をしていると思いますが、それと同じぐらいの時間や量を、
塗布練習に費やしたら、びっくりするぐらいカラー塗布は上手になるはずです。
塗るときは姿勢を安定さす。無駄な動作はなくす。
目的に合わせて最小限の動きや動作で最大限の効果を出す。
これらをいつも念頭に置いて練習をすると、上手に塗布ができるようになります。
継続は力なり。
毎日少しずつ続けることが上手くなる最短の道筋です。

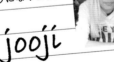

jooji

塗布手順をマスターしよう

オンカラーを綺麗に発色させるには、ベースとなるブリーチが均一でなければならない。
ブリーチを均一に行うには、適切な塗布手順を踏む必要がある。
ここでは適切な塗布手順をマスターするために、3つの基本ルールを説明する。

STUDY! 適切な塗布手順を
マスターするための3つの
基本ルールを知っておく。

塗布手順の
組立ルール①
新生部

根元新生部2センチと他の部分は別物と考える

ブリーチ剤は熱に反応することでリフトが上がる。
そのため体温の熱が届く根元新生部2センチまでは、他の部分に比べ、早くリフトするので、
新生部2センチと他の部分は分けて塗布手順を組み立てる必要がある。

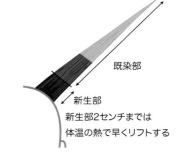

既染部
新生部
新生部2センチまでは
体温の熱で早くリフトする

▪ 根元新生部2センチまでの放置時間と到達レベル

放置時間	到達レベル
30分	17レベル
40〜50分	18レベル
50〜70分	19レベル
60〜90分	19.5レベル

塗布後20〜30分で再塗布

※ブリーチ塗布後、ラップ密閉による放置

左記の法則を頭に入れて、「新生部2センチ以外の部分を何レベルにしたいか?」によって、塗布手順を変えていく必要がある。

根元新生部2センチの塗布手順【基本形】

目標レベル	18レベル

塗布時間:15分	再塗布(追い塗り) 塗布時間:5分

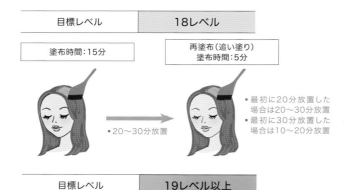

▪20〜30分放置

▪ 最初に20分放置した
場合は20〜30分放置
▪ 最初に30分放置した
場合は10〜20分放置

Q 10分〜15分放置しても、
ブリーチの上りが悪い場合はどうしたらいい?

A 再塗布(追い塗り)をすれば、
上がってきます。

▪10〜15分放置

ブリーチ剤を塗り重ねることで
上がりやすくする

空気に触れさせてから
ラップで密閉すると、
温度が上昇するので、
ブリーチが上がってくる。

目標レベル	19レベル以上

僕の場合、19レベル以上のアンダートーンを目指すときは、最初の放置(20〜30分)後に再塗布し、早く抜ける人以外はさらに20分〜30分放置してから、再度、再塗布するようにしている。

▪ 基本形

塗布時間:15分	再塗布(追い塗り) 塗布時間:5分	再々塗布(追い塗り) 塗布時間:5分

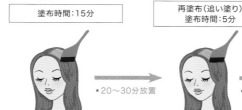

▪20〜30分放置　▪20〜30分放置

放置時間の合計が50〜70分になるように放置時間を決める(ブリーチの上りにより放置時間は異なる)

▪ 再塗布を1回にする場合(抜けやすい人の場合)

塗布時間:15分	再塗布(追い塗り) 塗布時間:5分

▪30〜35分放置　▪30分程度放置

jooji Voice

求める色により必要とされる明度まで上げるには、ブリーチ時に十分な放置時間をとることが必要です。そのため、僕は、50〜70分程度放置することもありますが、これはブリーチに慣れているから。
ブリーチに慣れていない方が長時間放置することはリスクを高めることになります。
そこで、ブリーチに慣れるまでは、お客様への負担や安全性、ブリーチへの慣れなど総合的に考慮して、放置時間は30分を基準に考えるようにしよう(つまり、アンダーは17レベル以内に留める)。

塗布手順の3つの基本ルール	根元新生部2センチは別物と考える 1	アンダートーンに応じた放置時間を見極める 2	全頭ブリーチでは、濁りのある部分から先に塗布 ブリーチリタッチでは、濁りのない既染部にブリーチ剤を塗布しない

再塗布（追い塗り）はブリーチのパワーを上げる

熱（ラップ密閉）＋ 酸化（再塗布）＋ 量（ブリーチ剤の塗り重ね）＝ ブリーチ力up

ブリーチは熱に反応するだけでなく、酸化によっても、ブリーチ力をあげることができる。

再塗布（追い塗り）は、「熱＋酸化＋量」というブリーチ力をアップさせる要素をすべて備えている。

例えば、18レベル以上のアンダーを目指す場合、僕はブリーチ塗布後20〜30分の放置で、再塗布するようにしているが、これは再塗布によりブリーチ剤を空気に触れさせて酸化を促してから、ラップで頭皮を密閉することで熱を加えるためだ。

一方、ブリーチ剤は量を多く塗れば塗るほど、上がってくるが、それは1回の塗布でたくさんの量を塗るということではない。

塗布・再塗布で塗り重ねることでブリーチは上がりやすくなる。

そこで、ブリーチ力を上げるには、長時間放置するよりも、20〜30分を目安に再塗布する方が効率的だといえる。

なお、10分〜15分放置してブリーチの上りが悪ければ、そのまま放置するよりも、再度塗布するようにしよう。

jooji Voice

ちなみに、一度洗い流してブリーチをするのと、長時間放置するのとでは、一度流す方がブリーチの上りは多少早くなるが、髪へのダメージは大きい。

放置はラップによる密閉がベスト

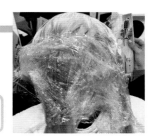

放置時に、遠赤外線などの体温以上の熱を与えた場合、ダメージに結びつきやすいのと、想定以上に抜けることもあり、僕はラップによる自然放置をしている。このとき、頭皮にピタッとフィットさせるようにラップを密着させること。

ラップの密着が甘いと、ブリーチの上りが悪くなるので、できるだけ地肌に密着させるようにしよう。

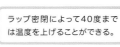

jooji Voice

ラップ密閉によって40度までは温度を上げることができる。

山本夏広のヘアカラー研究所

ブリーチと熱の関係を検証するため、毛束にブリーチを施し、放置時間中は、アイロン60度、80度、100度、加温器具をそれぞれ用いて毛束に熱を加えたところ、加温器具なら放置時間30分で18レベルに到達し、60分経過により19レベルを超えることがわかった。ここからブリーチは「熱」を加えることで効果を増すといえる。ただ、joojiさんも言ってるように、体温以上の熱を加えることは、ダメージに直結する危険性があるだけでなく、人頭での加温器具の使用は熱ムラが必ず起こるのでかなり難しい。加温器具を用いる場合は、熱ムラを最小限に抑える工夫をし、あとはダメージとのかね合いをしっかり見ていく必要があるといえる。

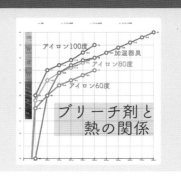

ブリーチ剤と熱の関係

アンダートーンに応じた放置時間を見極める必要がある

デジタルパーマや縮毛矯正、過度のアイロンの使用などによってタンパク変性を起こした髪や、染料が入っている髪は、ブリーチ剤によるメラニン色素の分解を妨げる要因となることから、放置時間を十分に確保する必要がある。
ただし、19レベル前後のブリーチ履歴がある場合、長時間放置すると髪が千切れる危険性がある。
そのため、既染部については、断毛や切れ毛のリスクを考慮して、アンダートーンに応じた放置時間を見極める必要がある。

▪ 髪が千切れだすまでの時間的猶予

ブリーチ履歴	髪が千切れだすまでの時間的猶予	放置時間
19レベル	ブリーチ剤を塗布すれば、20分後には髪が千切れだす。過去の様々な例から考えても15分以上放置することは危険だ。	10分以内にとどめるのがベスト。リタッチでは、濁りのない既染部にはブリーチ剤は付けないこと。
18レベル	30分〜40分後	40分以内

jooji Voice

ハイブリーチ毛やハイダメージ毛であっても、ブリーチをつけた途端に髪が千切れるということは殆どない。
①髪にブリーチを塗布すると毛髪がアルカリに傾き、熱を発し始める→
②発熱すると、毛髪内部から油分や水分が流出してくる→
③油分や水分が流出すると、当然髪は乾燥し、ハイダメージやハイブリーチ毛は千切れる、という過程を踏むためだ。
その時間は、最短で7分〜8分。平均すれば10分〜15分程度となる。
少なくとも、髪が千切れるまでには、この程度の時間的猶予があるわけで、その間にシャンプーや何かしらの処理をしてやれば千切れる危険性は低減できるので、慌てず対応することが大切だ。

髪が千切れる
主な5つの原因

キーワードは「19レベル相当」

原因 1	▶	19レベル超えのブリーチ、あるいはそれに近い履歴がある方が、黒染めやダークトーンでトーンダウンした髪を、再度ハイトーンのためにブリーチした場合
原因 2	▶	デジタルパーマや縮毛などの熱でタンパク変性された髪に、19レベル相当のブリーチを施した場合
原因 3	▶	19レベル相当にリフトアップされた髪を、ブリーチリタッチ時に、オーバーラップしすぎて塗布し、そのまま時間を置いた場合
原因 4	▶	19レベル相当の髪に、アイロンなどを過度に使用した場合（弱いタンパク変性でも日常生活や睡眠時による摩擦で千切れることがある）
原因 5	▶	19レベル相当の髪に紫シャンプーなどを使用し、アンダートーンがリフトアップされた場合

髪が千切れそうになった場合の対処法

髪が切れたり断毛するときは、大概の場合、ブリーチ剤をつければ熱を帯び40℃以上に発熱してしまうため、一度空気に触れさせ、髪を広げて冷ますこと。このとき、水分が溢れてくるようなら、タオルで軽く水分を除去してから再塗布するなどの工夫が必要となる。また、発熱が高温に感じるほどのものであれば、15分程度で髪が千切れはじめるので、手早くシャンプーで洗い流すなど臨機応変に対応する必要がある。

KARIN Voice

ジョージはブリーチにより40度以上に発熱し始めると、再塗布や、コームの肢で空気を入れて発熱の進行をとめたり、水を少し吹きかけて乾燥させないようにしていました。

19レベルの履歴のある髪へのブリーチ

ジョージは、19レベルの履歴がある場合、既染部がドライ状態だとダメージをダイレクトに受けやすくなるため、スプレイヤーで軽くウエットにし（10〜20%ぐらい）、固形に近いトリートメントコンディショナーを軽く塗ってから既染部へブリーチ塗布をしていました。既染部へのブリーチは、ブリーチ剤にトリートメントを混ぜたトリートメントブリーチを使用し、放置時間は5分〜10分。濁りがある場合は、5分放置後、濁りのある部分にだけ再塗布をし、5分放置後に流していました。(KARIN)

全頭ブリーチでは濁りのある部分を先に塗布する必要がある
ブリーチリタッチでは、濁りのない既染部にはブリーチ剤は塗布しない

タンパク変性や残留ティントは濁りとして視覚化される。
濁りのある部分は、メラニン色素の分解が阻害されることから、十分に放置時間を確保したいところだが、
組立ルール②でも記述した通り、既染部のアンダーレベルによっては、髪が千切れるリスクがある。
このリスクを低減するには、濁りのある部分とない部分をきっちりと見極め、塗布手順を組み立てることが必要だ。

濁りを見極める方法

髪の一部を持ち上げ、光に透かしてみると、黄みや赤、赤褐色、赤黒く見える部分がある、これが濁りや残留ティントだ。カウンセリング時には、必ず髪の一部を透かして濁りや残留染料がないかを確認することをルーティン化すること。その反復により濁りのある部分とない部分とを見極める目が養われる。

黒染め・ダークトーン	赤み（赤黒い・赤褐色）
残留染料	黄み

jooji Voice

黒染めと残留染料がある場合は、黒染め部分を先にブリーチしていく。

光に透かせると、毛先が黒染めで赤黒く濁っているのがわかる。
「gris☆では、高校生や大学生などの学生のお客様も多く、黒染めを繰り返している人たちも多くいたので、髪を光に透かして濁りや赤みがないかを繰り返し見ているうちに、自然と濁りなどを見極められるようになりました。濁りや残留ティントを見極める力は経験によって培われたところが大きいです。自然と見極められるようになるまでに2年くらいかかりましたが、いまでは髪の毛のちょっとの透け感で、何か月前にこんな色を入れたとか、わかるようになりました。」（KARIN）

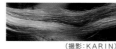
（撮影：KARIN）

■濁りはどう視覚化されるか？

赤味（赤黒い・赤褐色）

黄み

赤枠で囲んだ箇所が赤黒くなっている。これは以前に、黒染めないしはダークトーンでトーンダウンした履歴があるから。赤黒くなっている箇所から先にブリーチしていくことになる。

赤枠で囲んだ部分は赤味、緑枠で囲んだ部分は黄味。これは以前に、トーンダウンした後にハイトーンを入れたことを示している。髪をウェット（写真左）にすると濁りが強調されるのでわかりやすい。
この状態の髪については、赤味を先にブリーチ後、黄味をブリーチしていくことになる。

（検証：KARIN）

❶全頭ブリーチの場合、髪を「新生部」と「既染部」に分けて塗布手順を組み立てる必要がある（基本ルール①）
❷既染部については濁りのある部分から先に塗布する（基本ルール③）

Mari Voice

ブリーチワークショップでは、アンダーを見極めた塗布として、まず髪を光に透かして、色の濃いところから先に塗布することを教わりました。このとき、毛先が12レベル以上の場合は、①中間部→②新生部→③毛先の順に塗布することになります。

既染部
新生部
濁り

塗布手順の基本的な考え方
・髪の一部を光に透かして、濁り（色の濃い）部分から先に塗布していく。
・新生部とダメージのある毛先は明度が上がりやすいので、中間部から先に塗布する。

| 毛先 | 12レベル以上 | ①中間部 | ②新生部 | ③毛先 |
| | 12レベル以下 | ①中間部 | ②毛先 | ③新生部 |

ブリーチリタッチ

濁りのない既染部にブリーチ剤をつけないようにする。ブリーチの膨張やシャンプー時に、濁りのない既染部にブリーチ剤が付着する場合に備えて、あらかじめ、濁りのない既染部に固形に近いトリートメントコンディショナーをつけておくこと。
※既染部への処理についてはP85も参照のこと。

既染部にいかに負担をかけずにリタッチするかが鍵となる。既染部に濁りがなければ、ブリーチ剤は既染部には重ねず、濁りがある場合は、濁りのある部分にのみブリーチ剤を重ねること。アンダーのレベルによっては、ブリーチ剤が付着することで千切れてしまうこともあるので、濁りのない既染部にはブリーチ剤をつけないように注意したい。
（具体的な施術例はP82参照）

jooji Voice

TROUBLE SHOOTING

中間部だけが明るくならない

10から12レベルのカラー毛にブリーチをしても、
毛先と根元は明るくなるのに、
中間部が明るくならないのはどうしたらいい?

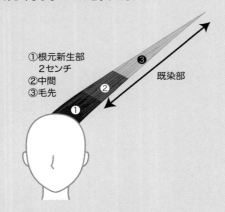

①根元新生部
　2センチ
②中間
③毛先
既染部

Advice 塗布手順の組立前には、必ず既染部を光に透かして
濁りがないかをチェックする

濁りがある場合

濁りのある所から先に塗っていく。

濁りがない場合

毛先はダメージで上がりやすくなっているので毛先は最後に塗布する。

■中間部に濁りがある場合

①中間部を塗布→②毛先を塗布→③根元新生部をリタッチ
の順でブリーチ剤を塗布していく。

毛先が12レベル以上なら、
新生部を先に塗布すること。

Jooji Voice

■既染部に濁りがない場合

①中間部を塗布→②根元新生部をリタッチ→③毛先を塗布
の順でブリーチ剤を塗布する。

黒髪ロングヘアをブリーチすると
毛先が暗くなる

黒髪ロングヘアの人にブリーチをすると、
毛先の方が暗くなるのはどうしたらいい?

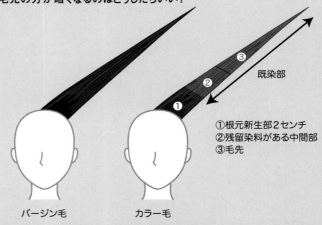

③
②
①
既染部

①根元新生部2センチ
②残留染料がある中間部
③毛先

バージン毛　　　　カラー毛

Advice バージン毛は、毛先から先に、
カラー毛は濁りのある部分から先に塗布する

■バージン毛の場合は、毛先から先に塗布する

塗布順序は
①毛先に塗布→②10分放置→③中間部を塗布。目標のアンダーレベルが18
レベル以上の場合は、上りが悪ければ5〜10分程度放置し④へ。上がっていれ
ば、放置せずに④へ。18レベル以下の場合は上りが悪くても④へ。
→④根元新生部を塗布
→⑤根元が目標とするアンダーレベルに到達する時間(P74参照)に応じて放置時
間を決める。

毛先から揃える方法の他に、黒髪を19レベルに染める方法として
は、根元から19レベルに揃える方法がある。
やり方としては、まずは、毛先からブリーチして、時間を置いて根元
を塗り、根元が19レベルになったら一度シャンプーし、毛先の上が
りが悪いところを再度ブリーチして19レベルに揃えていく。
いずれの方法をとるにしても、中間から毛先は体温が届かないのと、
アイロンなどでタンパク変性を起こしていて上がりにくいので、根
元を残して毛先を先にブリーチした方がいい。

Jooji Voice

■カラー毛の場合は、濁りのある部分から先に塗布する

塗布手順は
①染料が入っているところから先に塗布→②毛先塗布→③根元新生部を塗布
の順となる
※これらは塗布手順の組立の一例である

前回、黒染めやダークトーンをしている

前回、黒染めやダークトーンをしている髪をブリーチしても思い通りに上がってこない、どうしたらいい?

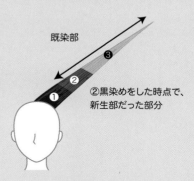

既染部
③
②
①

②黒染めをした時点で、新生部だった部分

Advice
黒染めなどをした時点で新生部だった部分から先に塗布する

黒染めまたはダークトーンをされている方は、そのレベルより明るい状態から暗くするために行っていると考えられる。

そこで問題となるのが、必ずしも、黒染めをする時点で根元から毛先まで同じ状態ではないということだ。

当然、根元からは新生部が伸びていて、一気に塗ると、最初から黒髪である新生部の上に、さらに黒またはダークトーンの染料が乗ってしまうことになる。

そのため、ダークトーンから髪色を明るくする場合、黒染め等をした時点で新生部であった部分は、他の部分に比べて明るくなりづらくなる。

・黒染め／ダークトーン時

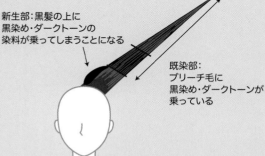

新生部：黒髪の上に黒染め・ダークトーンの染料が乗ってしまうことになる

既染部：ブリーチ毛に黒染め・ダークトーンが乗っている

黒染め／ダークトーンを複数回繰り返している場合

【対処法】
①黒髪に塗られた黒染め／ダークトーンの部分の幅や長さを、問診や光に透かして把握する。
②①で把握した部分から先にブリーチ剤を塗布。
③リフトアップの経過を見ながら、中間または毛先にいつ塗布するかを考える。

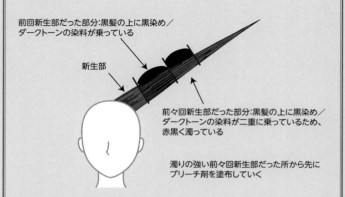

前回新生部だった部分：黒髪の上に黒染め／ダークトーンの染料が乗っている

新生部

前々回新生部だった部分：黒髪の上に黒染め／ダークトーンの染料が二重に乗っているため、赤黒く濁っている

濁りの強い前々回新生部だった所から先にブリーチ剤を塗布していく

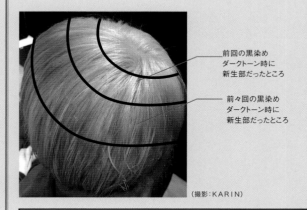

前回の黒染めダークトーン時に新生部だったところ

前々回の黒染めダークトーン時に新生部だったところ

（撮影：KARIN）

ブリーチをすると前々回の黒染め／ダークトーン時に新生部だったところの方が赤黒く濁っている。

Memo ブリーチが上がりにくい／上がらない髪質
・縮毛矯正やデジタルパーマなどでタンパク変性を起こしている髪
・10レベル以下の薬剤がのっている髪（残留ティントがとれない）

TROUBLE SHOOTING

TROUBLE SHOOTING

ダークトーンの残留染料や塩基性カラーの残留染料がある

ダークトーンの残留染料や塩基性カラーの残留染料があるため既染部のアンダーにトーン差がある場合はどうしたらいい?

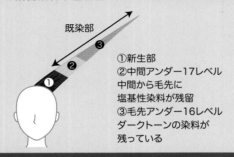

既染部

①新生部
②中間アンダー17レベル
中間から毛先に
塩基性染料が残留
③毛先アンダー16レベル
ダークトーンの染料が
残っている

Advice 既染部のアンダーレベルを揃えてから
根元のリタッチに入る。

根元から先にブリーチリタッチしてから全頭ブリーチをすると、新生部と既染部の中間までが明るくなり、逆に毛先だけが少し暗くなってしまう。そこで毛先を先にブリーチし、中間部のレベルまで上げてから、根元新生部のリタッチに入る必要がある。

【対処法】
①既染部のアンダーレベルを揃えるため、先にレベルの低い毛先をブリーチ。
②既染部のレベルが揃った段階で、根元新生部をリタッチ。
③既染部すべてをブリーチ。

ダブルブリーチにおけるプレックス系処理剤の使用方法

山本 夏広(ファイバープレックス)

[1回目のブリーチ前]
下記の場合にはファイバープレックス ボンド ブースターを精製水10倍希釈したものをスプレーヤーで吹き付けてからファーストブリーチに入る。
①毛先を光に透かせ、中間に比べて濁りがなく透明感が強い場合(メラニンが抜けている状態)
②指を通した時に毛先に極度にザラつきを感じる場合
上記以外の場合は、前処理剤の使用は不要。
[2回目のブリーチ前]
1回目のブリーチ後、中間、毛先のダメージレベルの差が視認しやすくなるので、この時のアンダーに1レベル以上の差があれば、再度その部分に同じ処理を施してセカンドブリーチに入る。
[オンカラー前]
ファイバープレックス ボンド フィクサーを使うタイミングはオンカラーの前で、2回のブリーチで毛髪強度が最も落ちているので、シャンプー後全体になじませ、必要に応じて3分〜5分置く。

山崎 真(オラプレックス)

ダブルブリーチでは、髪への負担を考え、ブリーチ1剤30gに対して、オラプレックスNo.1ボンドマルチプライヤーを1g、「30:1」の割合で混ぜて使用する。

1回目、2回目ともにブリーチ後、シャンプー台でブリーチを流した後、シャンプー前にオラプレックスNo.2ボンドパーフェクターを全体に塗布して5〜10分ほど時間を置く。

[実践1]ダークトーンや塩基性カラーの染料が残留している方のブリーチ

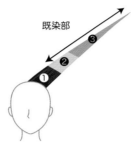

既染部

①新生部1.5センチ4.5レベル

②中間アンダー17レベル
中間から毛先にかけてピンクのマニックパニックの染料が残留

③毛先アンダー16レベル
1年以上前にしたダークトーンの染料が残っている

①新生部1.5センチが4.5レベル
②既染部が17レベルで、中間から毛先にかけてピンクのマニックパニックの染料が残留。
③毛先のアンダーが16レベル
【問診】
なぜ毛先が暗いのか気になって問診してみると、1年以上前にブラウン系カラーをしたとのこと。ブラウンカラーの残留ティントにより明るくならなかったのだな、と答えが出た。

チェック
カウンセリングでは必ず
①髪を光に透かして
濁りがないかを確認する
とともに、
②問診で履歴を
聞きだすこと。

Jooji Voice

問診で大概のお客様は、5レベルや6レベルの剤を使って暗くされていても、黒染めはしていないと言いはるので、履歴をきちんと判断できる目を養うことが必要だ。

ブリーチの目的 髪を均一に19レベルまで上げること

塗布手順組立 既染部のアンダーが揃わない髪を均一に19レベルまで上げるには2回のブリーチが必要となる(ダブルブリーチの詳細についてはP118参照)。

Memo **1来店ブリーチ2回説**
1回の来店でブリーチを3回すると、残留染料をとるよりも、髪へのダメージが大きくなるので、1回の来店で、ブリーチは2回までにとどめたい。既に傷んでいる人は1回までにとどめるのが無難。無理にブリーチするよりも、自宅で毎日シャンプーをしてもらった方が残留染料はとれる。

jooji Voice

ブリーチの前処理としてファイバープレックス ボンド ブースターを使用する場合、ブリーチが減力されるため、減力が気になる場合は、使用量を減らすこと。
ファイバープレックス ボンド フィクサーはブリーチ後、オンカラー前のシャンプー時に使用すればトリートメント効果が得られる。

[2回目のブリーチ]

1回目のブリーチ後、新生部は18.5レベル、毛先を除く既染部は19レベル弱、毛先は18.2レベルになった。
2回目のブリーチではこれらを均一に19レベルに近づけるだけなので、さほどリフトアップの必要性はないことから、ハーフウェットで塗布することにした。

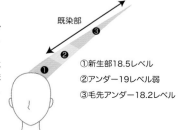

既染部

①新生部18.5レベル
②アンダー19レベル弱
③毛先アンダー18.2レベル

[1回目のブリーチ]

毛先をブリーチ
毛先の16レベル部分に、白い粉末のパウダーブリーチを塗布し、放置。毛先が17レベルまで上がってきたら、根元のリタッチに入る。

根元新生部リタッチ
根元部分は早くリフトアップさせたかったので、白い粉末のパウダーブリーチ「8の割合」に対して、青い粉末のパウダーブリーチを「2の割合」で調合し、塗布。

既染部をブリーチ
リタッチ後、同じ薬剤を既染部分の全てに塗布。

放置
塗布後ラップで密閉し、30分放置

根元新生部へ再塗布し放置
この時点で、毛先は19レベルに到達しそうになかったので、切り上げてシャンプーに入った。

シャンプー

Memo

ブリーチを減力するには

● ハーフウェットで塗布する
● ブリーチを塗布する前にダメージの強い部分にトリートメントを直接つけておく
● ブリーチ剤にトリートメントを混ぜる
髪へのダメージを考慮して、ブリーチを減力するかどうかを判断していく

jooji Advice

ダメージを低減するひと手間

僕はダブルブリーチをする場合、1回目のブリーチ後のシャンプー時にケラチンをつける、または三浴式トリートメントの1番をつけるようにしている。断毛やダメージを軽減することができるからだ。時間に余裕があれば、アルカリに傾いた髪をなだらかに中性に戻してあげる工夫をすると、再ブリーチの際にダメージをある程度、軽減させることができる。
具体的には、シャンプーボールに温めのお湯を溜めて、pH5程度のシャンプー剤またはトリートメントをゆっくり髪に揉み込んで内部のアルカリを緩和してやるなどの工夫が必要。このとき、トリートメント等を揉み込む時間は、5分から最大10分程度。このひと手間でかなりの効果が得られる。なお、pH4以下のものを塗布すると収斂する可能性が高くなるので、pH5程度のシャンプー剤を使用するといいだろう。

毛先ブリーチ
毛先に白い粉末のブリーチを塗布。

放置
20分放置。

根元新生部ブリーチ
新生部を19レベルにあげるため塗布。
ここで注意することは、2回目のブリーチは痛いので、地肌から3ミリ外して塗布すること。

既染部ブリーチ
既染部全てを塗布。

放置
15分放置。

シャンプー

シャンプー後の写真。微妙に中間部から先に残留ティントが残っているが、アルカリカラーを入れたら退色時に残留ティントを連れて色落ちしてくれるので、綺麗なアンダーの仕上がりといえる。

TROUBLE SHOOTING

既染部のアンダーが19レベルで中間部に濁りがある

前回19レベルにブリーチした髪の中間部に濁りがある場合、全頭ブリーチは必要?

Advice ┃ **19レベル以上のブリーチ履歴がある場合は、濁りのある部分のみにブリーチ剤を塗布する**

既染部のアンダーが19レベルを超えている場合は、濁りがない部分にブリーチ剤がつくと髪が千切れる危険性がある。
濁りがない既染部には、ブリーチ剤がつかないよう注意しながら、根元新生部リタッチ後に濁りのある部分まで
ディバイディングライン(新生部と既染部との境目)を下げてブリーチ剤を伸ばしながら塗布していく。

[実践2]中間部に濁りがある場合のブリーチリタッチ

ブリーチの目的	根元から毛先までのアンダートーンを均一にする。
塗布手順組立	根元から7~8センチまでに濁りがあるため、根元新生部を先にブリーチリタッチしてから、濁りのある根元から7~8センチ部分までディバイディングラインを下げてブリーチ剤を伸ばし、アンダーのトーンを均一にするようブリーチする方法をとる。
注意点	濁りのない既染部にブリーチ剤が付着すると、髪が千切れる危険性が高くなるため、濁りのない部分にはブリーチ剤が付かないように注意すること。
濁りのない既染部の処理	①**ファイバープレックス ボンド ブースター(シュワルツコフ プロフェッショナル)を使用する場合** サロンオンリーコンディショナーを水で薄めたものにファイバープレックス ボンド ブースター(全体の5%)を加えたものを既染部に塗っておく。 ②**ファイバープレックス ボンド ブースターを使用しない場合** 水っぽくない固形に近いコンディショナーまたはトリートメントを既染部に塗っておくようにする。ファイバープレックス登場前の僕がよくやっていた手法だ。

写真は、根元「新生部」が1センチ少し伸びた状態(左サイドのみ塗布していない状態)。

[塗布手順]
①根元新生部にブリーチ剤を塗布。
②ラップ密閉により、35分放置(写真は放置後の状態)。
③根元を再塗布しながら、濁りがある根元7~8センチ部分までを刷毛とコームを使って、ブリーチ剤を塗布しながら伸ばしていく。

④ラップ密閉により20分放置(写真は最初の放置から60分経過した状態)。

jooji Advaice
根元も、濁りがあった7~8センチ部分も明るさが揃ったのがわかるだろうか!?このようにブリーチの場合は明るさやダメージを的確に見極め、放置時間で慌てないこと。あと、乾燥させるとダメージに直結するので気をつけること。それらをコントロールできると、綺麗にブリーチできるようになるので、ブリーチリタッチへの理解を深め、施術していこう。

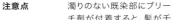

> **jooji 豆知識**
>
> ブリーチで脱色だけをする場合
> アンダーは上がっているはずなのに、カラーでトーンダウンされた既染部を脱色でなく脱染したい場合は、ブリーチにトリートメントを混ぜ、千切れる危険性のある部分にだけ先に直接トリートメントまたはコンディショナーをつけておいて、トリートメントブリーチを塗布すれば、脱染でき、なおかつ千切れる率が格段に減る。

ブリーチリタッチ後、オンカラー後の写真
カラー剤は、10レベルのグレーとモノトーンをベースに、ブルーラベンダーと薄いアッシュを混ぜている。ベースブリーチを綺麗に仕上げると、どんな色でも自在に操れるようになるから、ベースブリーチのクオリティをいかに上げていけるかがポイントだ。

> **jooji 豆知識**
>
> ブリーチリタッチまでの理想的な期間
> ブリーチリタッチは2か月以内にするのが、最もダメージが少なく、簡単にできる。というのも、地肌の体温が届く長さが根元から2センチだからだ。2か月以上経過すると新生部の長さが2センチ以上に伸びてしまい、体温の届かない2センチ以上の部分のブリーチが上がりにくくなってしまうので要注意。

根元 ブリーチの塗布方法について知っておこう

頭皮へのダメージを低減するため、コットンブリーチやゼロテクなど地肌にブリーチ剤が付着しない塗布方法が主流となっているが、ブリーチの神様joojiは、一貫して地肌もろともブリーチ剤を塗布する「ベタ塗り」を行っていた。ベタ塗りのメリット・デメリットはどこにあるのか。

THE ベタ塗り

jooji 流儀

1 回目のブリーチ：ベタ塗り
2 回目のブリーチ：根元を外す

jooji Voice
僕は、1回目のブリーチはベタ塗りで、2回目のブリーチは痛みを伴うので、根元を外してブリーチを塗布している。そのため、根元新生部については、なるべく1回のブリーチで目標レベルまでもっていくようにしている。

メリット ◯

◎塗布時間を短縮できる
→サロンワークにおいて、カットを含む入店からフィニッシュまで「3時間以内」に収めることを常態としたjoojiにとって、ベタ塗りは、ブリーチ塗布の時短を叶える効率的な塗布方法だったと言える。

◎塗布ムラを防げる
→狙った色を的確に表現するためには、ベースのトーンが均一でなければならない。アンダートーンの均一化を最優先事項としたjoojiにとってベタ塗りは必然のテクニックだった。

◎ブリーチ剤の塗布量が多い
→ベタ塗りでは、塗布量を多くすることができることから、早くリフトアップさせることができる。いかに効率的に作業を進めるかを模索し続けたjoojiにとって、ベタ塗りは利を一致させる方法だったと言える。

デメリット ✕

頭皮へのダメージが大きい
メリットが多い反面、頭皮へのダメージが大きいという致命的なデメリットをもつ「ベタ塗り」。jooji自身も、「10人中3人程度の確率で、ベタ塗りによる頭皮のアレルギーを誘発する可能性がある」と述べていた。そのため、頭皮の弱いゲストに対しては、弱さの程度に応じて、根元を薄付けにする、ベタ塗りはせず、根元を外してブリーチを塗布するなど塗布方法を変えていた。また、放置時間中にラップをすると、空気の密閉により、熱が発生し、頭皮に痛みが生じる可能性があるため、頭皮の弱いゲストにはラップはせずに自然放置していた。

また、トーンアップしやすい髪質の方には、塗布量、薬剤の調整をしないとすぐに上がってしまうこともベタ塗りにおける注意すべき点の1つ。

KARIN Voice
私もジョージ同様、ベタ塗りでブリーチ剤を塗布しています。頭皮が弱く、痛がるお客様への対処方法としては、根元をあけてギリギリで塗ったり、しみそうな部分に頭皮の保護オイルを使用しています。保護オイルは、あまり塗りすぎると染まりが悪くなるので、「どうしても」という時だけ使用します。あと、ファイバープレックス パウダーブリーチは水分量が多いのか塗布量少なめでベタ塗りをしても痛がらないお客様が多いですね。ジョージはよく、痛がるお客様にひたすら「我慢や！」って言っていました（笑）ハイトーンをされる方は、根元がちょっとでも黒い方が嫌なので、我慢してくれる方が多かったですね。

ブリーチリタッチの塗布順（一例）

①ドライの状態で、トップ表面からブリーチ剤を塗布。新生部1センチ未満のため、ディバイディングラインをはみだしてブリーチ剤がつく可能性があるため、既染部にはあらかじめ固形に近いコンディショナーを薄付けしておく。

②2～3ミリでスライスを取りながら、パネルの裏面を塗布。

③裏面塗布後に、前のパネルに貼り付け、表面を塗布。

④クロスチェックのスライスは1センチ程度で行う。

Joojiのブリーチリタッチ（解説：KARIN）

【塗布順（ショートの場合）】
①バックサイドトップからネープ→②逆バックサイドトップからネープ→③サイドトップから下へ→④逆バックサイドトップから下へが基本

【クロスチェック】
バックサイドセンターからクロスチェックをスタートしオールバックにしていく。

【塗布量】
つけすぎると繋ぎ目が千切れる恐れがあるため、1回の塗布に塗る量は、ハケの先に軽くブリーチがつぐらいで、薬剤が溜まりすぎない程度。

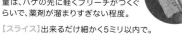

【スライス】出来るだけ細かく5ミリ以内で。

【塗布時間】15分以内

ブリーチコントロール

最低限の道具と材料で、全ての施術を行っていたjoojiは、ブリーチコントロールにおいても必要最低限の材料でブリーチのリフト力をコントロールしてきた。

ブリーチのリフトをあげる方法

①最初の塗布と、再塗布（追い塗り）でブリーチ剤とオキシ6％の比率を変える
最初の塗布時　ブリーチ剤：オキシ6％ ＝ 1：1.5
再塗布時　最初に塗布した薬剤にブリーチ剤を足して
　　　　　ブリーチ剤：オキシ6％ ＝ 1：1にする

②白系パウダーブリーチと青系パウダーブリーチをミックスする
白い粉末のブリーチ剤（8の割合）＋青い粉末のブリーチ剤（2の割合）でブリーチをミックスする

ブリーチを減力する方法（髪にダメージを与えることを低減する）

基本の考え方：水を加えるとブリーチは減力する
①髪を濡らして、タオルで水分を取り切った状態（ハーフウェット状態）でブリーチを塗布する。
②ブリーチ前に、ダメージの強い部分に、あらかじめ固形に近いトリートメントコンディショナーを薄付けしておく。
③ブリーチ剤にトリートメントを混ぜる（ブリーチとオキシを入れた全体量に対してトリートメント5％未満を入れる）（脱色ではなく、脱染したい場合）。

jooji Voice
水を加えると減力するからといって、再塗布時に、ブリーチに対してオキシ6％の比率をあげるのはNG。残留ティントがある髪は水をふき、ダメージするからだ。

jooji理論 UP DATE

「痛める施術」から「いたわる施術」へ。

1 ケア時代のブリーチ塗布方法

根元から毛先までアンダーの均一化を追求したjoojiは塗布方法において「ベタ塗り」を採用していたが、ベタ塗りは刺激の強いブリーチ剤を直接地肌につけてしまうことになるため、地肌へのダメージが大きく、ケア時代のブリーチ塗布方法には適していない。そこでjooji理論のアップデートとしてケア時代を生きる継承者たちによるブリーチ塗布方法を紹介する。

根元1ミリあけて、
スライス幅は1〜2ミリで
ネープセクションから
丁寧に塗り進める

山本夏広

根元2ミリあけて
ブリーチを塗布し、
ホイルに包んで加温する

田中萌子

①ブリーチの調合は少し硬めに

ブリーチ剤は、粘度がゆるいと塗布していくうちに既染部に薬剤がのびる為、少し硬めに調合する。「ファイバープレックス パウダーブリーチ」+6%オキシ=1:1.8がベストな硬さ。

②スライス幅は1〜2ミリ

クロスチェックなしで一発で塗り納めていく為、スライス幅は1〜2ミリ幅で塗り進めていく。

③塗布の順序は

①ネープ→②トップ→③サイド（ヘビーサイド→
ライトサイド）→④バック（つむじ回り）→⑤バック

一番リフトしにくい耳の高さから下のネープセクションを塗布していき、トップへ。
トップからサイドのセクションをヘビーサイドから塗布（センターラインはリフトしにくいため）。
最後に残りのバックセクションを塗布。つむじまわりは、枕の摩擦や紫外線などで一番切れ毛が起きやすい。
全ての工程は上から下がっていくように塗布。クロスチェックはせず一発で塗り納めるのでスライスは1〜2ミリで、根元も1ミリあけ、薬剤は既染部ギリギリで丁寧に塗り進めていく。

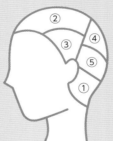

①根元2ミリあける

地肌にしみないよう、根元から2ミリあけてブリーチ剤を塗布し、毛先まで一気に塗布していく。このとき、ブリーチ剤が薄くならないように、ためて塗布するのがポイント。

②ホイルに包む

根元を塗り足しながらホイルで1.5センチ間隔で包んでいく。ホイルで包むことで、ミルフィーユ状になり髪に熱が均等に伝わる。また、ホイルで包むことで髪が保温されるので少ないダメージで明るくすることができる。

yamamoto Voice

根元を1ミリあける理由は、頭皮への刺激を最小限に留めるのと、ベタ塗りだと次回リタッチ時に切れ毛のリスクが少し増えるため。根元を1ミリあけていると、次回リタッチ時に前回あけた根元1ミリ分だけオーバーラップ出来る余裕が作れるからです。

moeko Voice

ホイルで包むことで乾燥を防いでダメージを低減でき、熱が均一に伝わることでブリーチムラも防止できます。なお、根元の放置時間は、毛先のレベルや残留によって変わってきます。

2 ブリーチリタッチ時の既染部の処理

ブリーチリタッチ時に、既染部にブリーチ剤が付着すると、髪がダメージを受ける危険性がある。そのため、joojiはブリーチリタッチ前に、既染部に固形に近いトリートメントコンディショナーを薄付することで、ブリーチ付着のプロテクトとしていたが、プレックス系薬剤の進化や、コットン／ペーパーを使用したリタッチ方法の登場で、既染部の処理はどのように変化したのだろうか。

ブリーチ リタッチ時には、新生部の長さにもよりますが、新生部と既染部の間にコットンやペーパーを挟んで極力、ディバイディングライン（新生部と既染部の境界）をはみ出したりしないような工夫をしています。また、塗布の際にはパネルを下に下げないように上げて塗布することによって、薬剤がずれないようにしています。

既染部にブリーチ剤がつかないよう、細心の注意を払って塗布しています。縦に近い斜めスライスを取りながら塗ると塗りやすい気がします。
もしも既染部についてしまった場合は、ファイバープレックス ボンド ブースターとファイバープレックス ボンド フィクサーを1：1で調合したものをその部分に塗布してリフトを弱めます。

業界的に広まりつつある「ペーパーブリーチ」や「コットンブリーチ」など既染部と新生部の境目ギリギリをコットンやペーパーで挟み込む方法が最も既染部にブリーチ剤がつかないリタッチ方法といえますが、1人塗布だと40〜50分も時間がかかり、時間差でムラが出来てしまう可能性があります。そのため、僕は「一番リフトしにくい耳下からネープを先に塗布し、その後トップから1ミリスライスで丁寧に塗り進めていく」という塗布方法を採用しています。この塗布方法であれば、既染部にブリーチ剤がつくことを回避でき、ショート〜ミディアムであれば、1人塗布でも20〜30分で塗れるので時間差によるムラを最小限に抑えられます。
また、通常はリタッチの際に既染部に処理剤を使うことはほとんどありませんが、頭頂部切れ毛が激しく短い毛が多い方にはあらかじめ、ファイバープレックス ボンド ブースターとトリートメントを1:1で混ぜ合わせたものを塗布してからリタッチに入ります。

3 ブリーチを減力する方法

joojiはブリーチを継続した既染部に対し、脱染効果でブリーチをする場合や、軽めにリフトアップさせる場合には、ハーフウェット状態でトリートメントブリーチを塗布していたが、ケア時代においてはどのようにブリーチを減力させているのだろうか。

既染部の濁りをなくす目的でブリーチをする場合、髪への負担を考え、私は必ずウェット状態で塗布を行います。
アンダーや履歴にもよりますが、リフトをさせ、なおかつ色素も落としたい場合は、ブリーチとノンアルカリのクリアで減力させたものを塗布します。割合や％は髪の毛の状態で変えています。19レベルでほんの少しだけ濁りを取りたい場合は、ファイバープレックス ボンド ブースターとファイバープレックス ボンド フィクサーをブリーチ剤に混ぜたものを塗布する場合もあります。

脱染目的の場合は、髪をウェット状態にして、ファイバープレックス パウダーブリーチ＋オキシ6％＋水＝1：1：1にしたものを塗布します。ブリーチを減力する方法で、軽くリフトアップさせる時は、ダメージレベルがそこまで高くなければオキシを3％に、ダメージレベルが高ければそれに加えて、ファイバープレックス ボンド ブースターを精製水で10倍希釈したものをスプレーヤーで吹き付けてから塗布に入ります。ここで言う「高いダメージレベル」とは、通常のブリーチを塗布して30分の放置時間に耐えられないと判断したもののことを指します。

ブリーチ剤と塗布の仕方

ブリーチ剤の種類や特性、塗布の仕方について説明する。joojiはあまり剤自体に思い入れはなかった。
ブリーチ剤はあくまでも補助的なもので、均一なブリーチを行うには、塗布手順をマスターすることの方が大事だ。

ブリーチ剤のタイプ

ブリーチ剤には、大きくクリームタイプとパウダータイプの2種類がある。
クリームブリーチはパワーがない分、塗布むらができにくく、パウダーブリーチに比べ、ゆっくり上がってくるので、ダメージが軽減できるという特性がある。そのためブリーチに慣れていない方や、ホイルワークで軽くブリーチする場合など用途に合わせて使用すると、かなりの効果が期待できる。
あっ、でも僕はパウダーオンリーですけどね！（笑）
パウダーブリーチには、白い粉のタイプと青味の混じった粉のタイプとがあり、比較的同じレベルの場合、青味のある粉のほうが早くリフトアップし、黄味を抑えて上がってくる（つまり、クリアに上がる）。ただし、19レベル以上の髪に青味の粉末が付着すると、いとも簡単に髪が千切れるので注意が必要だ。
国内で入手できる殆どのブリーチ剤は既に使用したことがあるが、同じパウダーブリーチでも、
①塗布後すぐに上がってくるタイプ
②塗布後しばらくはゆっくり上がるが、ある時間を経過すると加速度的に上がってくるタイプ
③最初からゆっくりゆっくり上がってくるタイプ
の3種類があるため、現在使用している、あるいは今後使用予定のブリーチ剤の特性を十分に理解する必要がある。というのも、ブリーチ剤の中には、ダメージしやすいものや断毛しやすいものも含まれているからだ。

jooji Voice

> 青味のあるブリーチは脱色だけでなく、脱染効果もある。

	クリームタイプ	パウダータイプ
プラス	・塗布むらができにくい ・ダメージが少ない	ブリーチの上りが早い
マイナス	ブリーチの上りが遅い	青味のある粉が19レベル以上の髪に付着すると、髪が簡単に千切れてしまう

Memo

joojiは早くリフトアップさせたい場合に、白い粉末のパウダーブリーチ「8の割合」に対して、青い粉末のパウダーブリーチを「2の割合」で調合し、塗布することもあった。

ブリーチ剤

ブリーチ基本の7か条「1条」において、ブリーチに慣れていない方については、30分を基準に放置時間を考えるとよいと書いた。放置時間を30分と考えると、どこのメーカーのブリーチ剤を使ってもほぼ大差がないといえる。
でもあえて、ブリーチ剤について説明するなら、ルウの「フロスティ」と、アリミノの「ブリーチ120」は、美容業界的に最もぬけるブリーチ剤と言われている。
ただ、アリミノのブリーチ剤は、ある一定のレベルまでくると髪が千切れやすくなるというデメリットがあるため、注意が必要だ。アリミノを使って前回のリタッチ部分をぶっちぎっている美容室をよく見かける。僕は状況にあわせて使っている。

一方、ルウの「フロスティ」については、いいブリーチ剤ではあるが、コストが高いのがネック。
僕は、ナプラの「アクセスフリー」をメインに使っている。30分～60分の放置でのブリーチが安定しているからで、とても気に入っている。
その他、ウエラとシュワルツコフ プロフェッショナル（イゴラ ヴァリオ ブロンド プラス）のブリーチは、良いブリーチ剤として分類している。

塗布の仕方

ネープからサイドへ、下から塗っていくのが基本。下から塗ることで根元のズレが生じにくくなるからだ。
なお、顎ラインよりも短い髪の場合は、上から塗ってもOK。

ドライ塗布とウェット塗布

僕の場合、1回目のブリーチはドライ状態で塗布するのが基本だが、中間部及び毛先のダメージがひどいなどブリーチの減力が必要な場合はハーフウェット塗布を行う。
2回目のブリーチはハーフウェットでの塗布が基本。
その理由は、毛の内部に残っている水分がブリーチを緩和してくれること、残留ティントは比較的ハーフウェットの方が取れやすいと感じていることからだ。
またオンカラー時の塗布についても、ハーフウェット塗布で行う。
ブリーチ剤は水を加えると減力する。そのためドライ塗布かハーフウェット塗布かの判断は、場面、場面で「水で薄めていいのか！？（ブリーチを減力させる必要があるか）」を考えて、最適な方法を選択していけばよい。

KARIN Voice

> オンカラーをハーフウェットで塗布するのは、カラー剤の伸びがよくなるので塗布量を少なくできるのと、髪に負担がかかりにくいからだと思います。

	ドライ塗布	ハーフウェット塗布
特性	ブリーチのリフト力がある	・ブリーチのリフト力を緩和する ・残留ティントがとれやすい
使用場面	最初のブリーチ	・最初のブリーチでもダメージがひどい場合 ・2回目のブリーチ ・オンカラー

■ハーフウェット塗布

シャンプー後、タオルで取りきれるだけの水分を取りきった状態のことを指す。
写真の状態ぐらいまで、水分をとりきる。
（撮影：KARIN）

オキシ

ブリーチ剤よりも重要なのがオキシ。使うオキシによってブリーチのリフト力が変わる。
いろんなメーカーのオキシを使って、オキシに対する造詣を深めよう。

ブリーチ剤は、オキシ（2剤、過酸化水素）を混ぜることで化学反応を起こし、メラニン色素を分解させる。
日本で使用できるオキシは6％まで。濃度が高いほど脱色効果が高まるので、僕は基本的にブリーチ剤に使用するオキシ濃度は6％。ブリーチ後、カラー剤に使用するオキシ濃度は3％としている。

ブリーチ	オキシ6％
ブリーチ後	オキシ3％

MINAKO Voice

joojiさんは、ブリーチ剤についてはオキシ6％を一択として使用し、オキシ濃度（1％や3％、6％など）の異なるオキシを使い分けてブリーチをコントロールすることはしないと言っていました。6％より濃度の低いオキシを使うと、ムラができるからだそうです。

17レベルまでブリーチする場合は、オキシの比率が高い方が、早くリフトするが、ブリーチ剤は水などで薄めると減力するため、オキシ比率が高い場合も、ある程度（概ね17）のレベルに到達するとブリーチの進行が止まる。

■ブリーチとオキシのベスト比率

ブリーチ17レベルを基準に考えた場合

パウダーブリーチ	：	オキシ6％
1	：	1.5

ブリーチ17レベル以上

パウダーブリーチ	：	オキシ6％
1	：	1

17レベルまでは、パウダーブリーチ「1の割合」に対し、オキシ6％「1.5の割合」が最も早く上がる。

ただし、1：1.5の比率だと、17レベルを超えると、ブリーチが減力するため、17レベル以上ではパウダーブリーチ「1の割合」に対し、オキシ6％「1の割合」が最も早く上がってくることになる。

なお、元々のアンダーが14レベル以上の場合は、オキシ比率が高いものを塗布すると、パサつきやダメージが出るので、オキシ比率を高くしないほうが賢明だ。

元々のアンダーレベルが14レベル未満の場合

	パウダーブリーチ：オキシ6％ 1：1	パウダーブリーチ：オキシ6％ 1：1.5
プラス	ブリーチのレベルが最も上がる	17レベルまでは最も早く上がってくる
マイナス	ゆっくりと上がってくるので、到達までに時間がかかる	・ブリーチ剤の効力がオキシによって薄められるので、17レベルあたりでリフトはストップする ・元々のアンダーが14レベル以上の場合は、髪にパサつきやダメージが出る
用途	・17レベル以上のアンダーを目指す場合の再塗布時 ・元々のアンダーが14レベル以上の時	・17レベルを目指すとき ・17レベル以上のアンダーを目指す場合の最初の塗布時

最も効率的にブリーチレベルを上げる使い方

18レベルを目指す場合（元々のアンダーレベル14レベル未満）

①最初の塗布	②再塗布
オキシ6％の比率が高いものを塗布 1：1.5（1：1.25の比率で使用する場合もあり）	最初に塗布した薬剤にパウダーブリーチを足して、オキシの比率を下げ1：1の比率にした薬剤を塗布

jooji Voice

（使っているオキシを聞かれて）大手でいうとミルボンとデミのオキシはあまり好きではないけど、それ以外なら、どれを使っても大差ないと思いますよ。

Jooji愛用アイテム【ブリーチ編】

ナプラ アクセスフリー パウダー ブリーチ
30〜60分の放置でのブリーチが安定していることから、joojiが最も多用したブリーチ剤。白い粉末のパウダーブリーチ。
1回目のブリーチでは、ナプラ アクセスフリーパウダーブリーチ1の割合にオキシ6％1.5の割合で使用することが多かった。

イゴラ ヴァリオ ブロンド プラス（シュワルツコフ プロフェッショナル）
青い粉末のブリーチ剤におけるjoojiの愛用品で、「ヴァリオブロンドを好んで使っていた時期が数年間あった」という。

No.4ソリス ドライヤー IQ-7
「ブリーチされた髪を最も効果的に早く乾かしてくれて、程よい水分を残しつつ仕上がってくれるので、僕の中で最高ランクのドライヤー。」

毛染めブラシ「K-70」（サンビー工業）
「いつも使用してるカラー用の9本の刷毛たち。この刷毛たちを使ってなんか凄いことができたらいいな。」とjoojiのインスタに投稿があり、ブリーチ剤の塗布では必ず使用していたのがサンビー工業の毛染めブラシ「K-70」（写真下の左3本）。
通常の毛染めブラシよりも細い毛が使用されているので、地肌に接触したときの不快感が少なく、ゲストの頭皮へのダメージを嫌ったjoojiのブリーチワークを支えたアイテムの一つ。
余分な剤の吸い込みもしないため、ブリーチリタッチはもちろんのこと、細かいカラー塗布時に好んで使用されていた。

K-70
サンビー工業

ファイバープレックス攻略法

STUDY! jooji流ファイバープレックスの使い方を知る

ブリーチによる断毛やダメージを
最小限にとどめることに腐心し続けた「ブリーチの神様」jooji。
毛髪強化システム「ファイバープレックス」の日本上陸は、
彼の長年の夢だった「ダメージレスなハイトーンブリーチ」のクリエーションを
可能とする計り知れないポテンシャルを示した。
「マニックパニック以来の衝撃」でjoojiを魅了し、その攻略こそが、
joojiの「ネクストステージへの扉を開く鍵となる」とされたが、
発売直前に亡くなってしまったため、彼のファーストステージを支えた
マニックパニックほど多くのデータは残されてはいない。
それでも、サンプルを使い続けたわずか1か月足らずの期間の中で、
研究と試行錯誤を重ねることで、
jooji流のファイバープレックス攻略への片鱗が色濃く残されている。

joojiが実際に使用したファイバープレックスは2種類

ファイバープレックス ボンド ブースター（前処理剤）

ブリーチ前処理剤（ヘアトリートメント）。
標準的な使い方は、スプレイヤー（霧吹き）に入れて水で5倍前後に希釈して、ブリーチ前の髪にまんべんなくスプレーする。
使用量：その後に使用するブリーチ剤＋オキシの総量の5％。
（例）ブリーチ40グラム＋オキシ6％60グラムの場合、ファイバープレックス ボンド ブースター5mlを水20mlで希釈。

ファイバープレックス ボンド フィクサー（後処理剤）

ブリーチ後の処理剤（ヘアトリートメント）。
ブリーチ後のアフタートリートメントとしてシャンプー後に使用する。

ファイバープレックスの出現でjoojiのブリーチ理論を支える「1来店2回説」が覆される！？

いわゆる「金髪」と呼ばれるクリアなブロンドを作るには、定期的に4〜5回、もしくは5〜6回程度のブリーチが必要となる。4回〜5回のブリーチで18レベルを超え、5回〜6回のブリーチで18.5レベルを超えてくる。ただし、これはあくまで、根元の体温が届かない部分で、途中アルカリカラー等で過ごしていくことを仮定してのブリーチ回数となる。

一方、ホワイトブリーチを作るには、7〜8回程度のブリーチが必要となる。
これにより、19レベルを超えてくる。

従来であれば、1回の来店においてブリーチは2回程度までに留めたほうがベスト！ファーストブリーチであれば3回が上限、と考えていた。
しかし、ファイバープレックスの出現で、従来の「1来店ブリーチ2回説」は大きく覆されようとしている。
実際、ファイバープレックスを使用して、1度の来店時に4回ブリーチに踏み切ったのだが、ファイバープレックスを使用した4回ブリーチの方が、ファイバープレックスを使用しない通常の2回ブリーチよりも、ダメージを感じない、という結果が得られた。

そのため、今後ファイバープレックスが浸透すれば、これまでの常識は覆され、新たな通説が作り直されるのではないかとすら思えてくる。これは、マニックパニックを最初に使ったとき以来の衝撃で、僕のファーストステージは、マニパニの攻略により、大きく飛躍したが、ファイバープレックスの出現により僕のネクストステージの扉は開かれようとしている。

jooji理論 考証

① プレックス系処理剤の進化で1来店2回説は覆されたか？
② プレックス系の登場で、19レベル相当の履歴がある既染毛でも千切れる危険性はなくなったか？

Yamazaki Voice

① プレックス系処理剤を使用すれば、ブリーチを1日3回やることも可能ですが、放置時間を長めにするなどコントロールをすれば、そもそも3回以上やる必要性はないと思います。2回ブリーチをしてもティントが残る場合は、それ以上ブリーチすることは負担になるだけなので、無理にリフトさせず、そのベースに合わせたカラー提案をする方が良いと思います。
② 19レベル付近の履歴がある場合はプレックス系トリートメントを使用しても切れる危険性がありますので、慎重な施術が必要です。

yamamoto Voice

① プレックス系の登場により1来店での最大ブリーチ回数は、バージン毛であれば3回、既染毛なら2回としています。ただこれは単純に回数の問題だけではなくトータルの放置時間も重要で、バージン毛ならトータル放置120分(塗布時間は含めない)、ブリーチ履歴のない既染毛も120分、ブリーチ履歴があれば30分〜90分を上限としています。
放置時間については、40分放置の3回と、60分放置の2回は同等と考えます。
② 19レベルの履歴がある毛髪は、強化剤を使用しても切れる危険性が大きいので注意が必要。毛先の塗布は10分以内を目標として、joojiさんが言ってるように放置時間は10分以内が望ましいと考えます。

Minako Voice

① プレックス系を使用しても、やはりブリーチであることに変わりはないと私は考えています。既にブリーチをしている人に対しては、やはり1日1ブリーチが良い状態を保てると思います。バージン毛の人は状態を見て2回まで。
何回もブリーチをするよりは、一回のブリーチの間に濃度の濃いブリーチで再塗布をした方がダメージは抑えられると思うので、なるべく1回のブリーチで明るくできるところまでもっていくようにしています。
② 19レベル相当の履歴のある人はやはり注意をしないと切毛してしまうと思います。
この場合、ファイバープレックス ボンド ブースターとファイバープレックス ボンド フィクサーを混ぜたもの、あるいはトリートメントブリーチ（ファイバープレックス ボンド ブースターとファイバープレックス ボンド フィクサーにブリーチ剤を混ぜた弱いブリーチ）を使用して細心の注意を払いながら施術しています。

ーjooji流使い方ー
ファイバープレックス ボンド ブースター編

「サロンオンリーミックス」とも呼ばれたjooji流の使いこなし。

ファイバープレックス登場以前から、既染部へのプロテクトとして「サロンオンリーコンディショナー（シュワルツコフ プロフェッショナル）」を使用していたjoojiならではの使い方で、ファイバープレックス ボンド ブースターをサロンオンリーコンディショナーに混ぜて使用するというもの。

水による希釈具合で「クリームタイプ」と「トリートメント水タイプ」の2種類がある。

モデル：市橋直歩

中級・上級の使い方

クリームタイプ
サロンオンリーコンディショナーに水とファイバープレックス ボンド ブースター（全体の5％程度）を加えたクリームタイプ

トリートメント水タイプ
水にサロンオンリーコンディショナーを少量混ぜ、ファイバープレックス ボンド ブースター（全体の5％程度）を加えたトリートメント水タイプ

いずれかをブリーチ既染部に前処理として使用すると、シャンプー時に髪にブリーチが付着しても、髪が千切れるということはない。

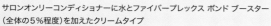

【前処理】　　→　　**【ブリーチリタッチ】**

既染部にクリームタイプか
トリートメント水タイプを塗布

ただし、少なくとも、この方法は中級及び上級の使い方なので、ダメージへのアプローチに関しては、ブリーチとオキシの総グラムに対し5％程度のファイバープレックス ボンド ブースターを混ぜて使用するのが安全だ。使用量が5％を超えた場合はリフト力が減力しすぎるので多く使うのはNG。

例えば、ブリーチとオキシを足して100グラムであれば、ファイバープレックス ボンド ブースター5グラムが必要となる。ブリーチ剤に混ぜて使用する場合は、多少の減力があるので、それを考慮して使用すること。

■ダメージへのアプローチ

> **ブリーチ＋オキシの総量に対し**
> **5％程度のファイバープレックス ボンド ブースターを混ぜて使用。**

［実践3］実際にファイバープレックスを使ってみよう

【施術工程】
19レベルにブリーチリタッチ後、インナーにはマニックパニックをその他にはピクサムカラーを塗布する。

【前処理】

【ブリーチリタッチ】

 塗布時間15分

↓ 20分放置

 再塗布5分

↓ 20分放置

 再々塗布5分

↓ 20分放置

【お流し】

シャンプー後の写真

↓

【オンカラー塗布】

【仕上がり】

①ブリーチリタッチでは、既染部のブリーチ部分について、ブリーチからのプロテクト、ないしは前処理の意味合いもかねて、シュワルツコフ プロフェッショナルの「サロンオンリーコンディショナー」を水で薄めたものにファイバープレックス ボンド ブースター（全体の5％）を混ぜたものを処理剤として使用。
なお、ファイバープレックス ボンド ブースターで処理した髪は、毛髪内部の水分保有量がかなり上がるため、使用量が多かったり、つけすぎるとブリーチ毛は全く乾かなくなる。

②ブリーチ剤としては、シュワルツコフ プロフェッショナルの「イゴラ ヴァリオ ブロンド プラス」を使用。
ヴァリオ ブロンドを塗布し、20分放置後に再塗布。さらに20分放置後に再塗布し、さらに20分放置した。
放置タイムは合計で60分、塗布時間を含めると約85分程度になる。

③ブリーチ後のシャンプーでファイバープレックス ボンド フィクサーを軽くニーディング（※）して流してから、オンカラーに入る。
ファイバープレックス ボンド ブースターはおそらく数回程度のシャンプーでは除去しないだろうと思われるので、ブリーチオンカラーの場合、オンカラー時に再度ファイバープレックス ボンド ブースターの使用は必要ないと考える。ただしオンカラー前のシャンプーでは、ファイバープレックス ボンド フィクサーを使った方がトリートメント効果がでるので、使用することをお勧めしたい。
※指で髪を挟み込んで毛先に向かって髪をなでることで、薬剤の浸透を促すこと

⑤19レベルにブリーチした髪に、シュワルツコフ プロフェッショナルの「イゴラ ロイヤル ピクサムーF」の「T-Clear 30グラム」と「C-PV11 15グラム」、「PTBe10 15グラム」、「T-PA 5グラム」を配合したものにオキシを3％で調合した。
なおインナーカラーのオレンジはマニックパニック「サイケデリックサンセット」を使用。

使用上の注意点

①ブリーチ時にファイバープレックスで処置や処理をすれば、ブリーチのリフト力が減力されるので、減力が気になる場合は使用量を減らすこと。
②パウダーブリーチに混ぜて使用したり、処置をすると、パウダーブリーチのもつ脱染効果も約30％程度減少され、残留ティントがあれば、ある種独特の銅色が発色してくるのが視認される。この銅色はグレーやアッシュといった寒色系のアルカリカラーの完全発色に若干の影響を及ぼすが、これは一回シャンプーを挟むことで解消される。

塩基性カラー（マニックパニック）

塩基性カラーの魔術師と称されたjoojiは自在に色を操り、ゲスト史上最高の可愛いを作り続けた。
こだわったのは技術やテクニックではなく、ただ「女の子を可愛くしたい」その思いだけ。
この章では、女の子の可愛いを実現するための効果的なマニックパニックの使い方を紹介する。

STUDY! マニックパニックを操り、
自在に色を表現できるようにする

使い方

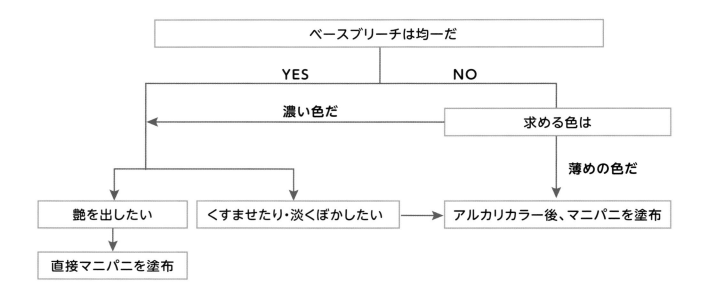

ベースブリーチは均一だ

YES　　　　　NO

濃い色だ　　　　　　　　　求める色は

薄めの色だ

艶を出したい　　　くすませたり・淡くぼかしたい　→　アルカリカラー後、マニパニを塗布

直接マニパニを塗布

マニックパニック（以下「マニパニ」）などの塩基性カラーはアンダーの状態に
左右され、アンダーに黄みや赤みなどがあればそれが浮き上がってきてしまう
ため、ブリーチ後、アンダーにトーン差や色むらがあれば、僕は、まずアルカリカ
ラーでアンダーを整えることを推奨している。
とくに希望色がパステルなどの薄めの色の場合は、アルカリカラーで補正をか
けるようにしよう。なお、濃い色の場合は、アンダーに2レベル以上のトーン差
があっても気にならないため、求める色の発色の仕方などでアルカリカラーを
するかどうかを判断する場合もある。

ベースブリーチが均一であれば、直接マニパニを塗布すれば、おそろしく艶が
でてクリアに発色する。そこで僕は、「クリアに発色させたい時は、ブリーチ後、
直接マニパニで」。「くすませたり、淡くぼかしたい時はアルカリカラーをしてか
らのマニパニ」としている。

※たまに、マニパニにカラーバターのブラックを微量に混ぜて（ブラックって薄めると灰色になる）く
すめた色を作ったりするけど、量を少しでも間違うと色が沈んだりするので、あまりお勧めはしない。

KARIN Voice

joojiはゲストに時間がない時や、ブリーチをしてもなかなかアンダー
が揃わないときはダメージを考えて、髪に直接マニパニを塗布するこ
とがありました。アンダーが揃わないと色が入りにくいので、その場
合、マニパニを塗布する前に黄みのある部分を中心にドライして塗布
していましたね。

アンダー2レベル以上の
明度差がある場合の直接マニックパニック
（施術者KARIN）

新生部、中間、毛先ともにレベルに差があり、黒染め
の濁りが残っている。

濁りがあるところは、しっかり揉み込みながら塗布して
いく。
マニックパニック「グリーンエンヴィ：サンシャイン＝2：
1.5」をサロンオンリーコンディショナー（シュワルツ
コフ プロフェッショナル）で13倍希釈したものを、根
元を中心に全体に塗布。
中間部の黄みの強い部分には「グリーンエンヴィ：サン
シャイン＝2：1.5」をサロンオンリーコンディショナー
で16倍希釈したものを重ね漬けした。
同じ色味で、濃さを調節すると綺麗に色が入りやすく
なる。

濃い色であれば2レベル以上の誤差もさほど気にはな
らないが、色むらなく発色させるには、塗布の仕方や薬
剤の調合に工夫する必要がある。

マニパニ 3つの 基本ルール	ベースブリーチにムラが ある場合は、まずはアル カリカラーで補正をする	マニパニは同じ色・同じ調合で あっても、アンダーのレベルに よって発色が変わるため、アン ダーレベルを見極める目が必 要となる	マニパニを綺麗に発色 させるために必要なアン ダーレベルがある

塩基性カラーの使い方

インナー／セクションにマニパニを使用したスタイル	アルカリカラー後、マニパニをコーティングしたスタイル	直接マニパニを使用したスタイル
インナーやセクションにはブリーチ後、直接マニックパニックを、その他の部分にはアルカリカラーを塗布したスタイル	ブリーチ後、アルカリカラーをした上で、マニックパニックをコーティング感覚で色付けしたスタイル	ブリーチ後、直接マニックパニックを塗布したスタイル

直接マニパニを塗布する場合の注意点

ブリーチリタッチ後、直接マニパニなどの塩基性カラーをする場合は、根元はアルカリだが毛先は弱酸性のまま塩基性カラーを塗布することになるので、同じアンダーレベルであっても、根元だけより発色してしまうということが起こりうる。というのも、マニパニは弱酸性のためアルカリにより反応し、より発色するという特性があるためだ。これについては、毛先に先にオキシ3％を塗布しておけば解消される。

jooji Voice

ブリーチ後、直接マニパニを塗布する場合、ベースブリーチが綺麗なら、おそろしく艶がでてクリアに発色するが、薄めの色や希釈したマニパニを使う場合、ベースのブリーチレベルがもろに出てしまうため、ベースブリーチにレベル差やむらがある場合は、一旦アルカリカラーで均一に近づけてからマニパニをするようにしよう。

塩基性カラーとアンダートーンの関係

マニックパニックなどの塩基性カラーはアンダートーンにかなり左右される。濃い色であれば2レベル以上ものアンダートーン差も気にならないが、淡い色やトリートメントで希釈したものについては、根元から毛先までのアンダートーンの差は1レベル以内にとどめたい。特に超パステルだと0.5レベル以内でないと綺麗に発色はしない。

jooji Voice

ショッキングブルーやヴァンパイアレッドといった濃い色では、アンダーに2レベルの誤差（ブリーチむら）があっても、色むらとして視覚化されにくい（ヴァンパイアレッドの場合は3レベルの誤差があっても気にならない）。一方コットンキャンディーピンクのような淡い色の場合、1レベルの誤差も色むらとして視覚化されてしまうのがわかる。トリートメント希釈したものであればなおさら、アンダーに1レベルのブリーチむらがあってはならず、綺麗に発色させたいなら、アンダーのブリーチむらは0.5レベル以内に留める必要がある。

ブリーチムラの許容範囲

マニパニの色味	根元から毛先までのブリーチムラ
淡い色	1レベル以内
トリートメント希釈（マニパニをトリートメントで希釈する場合）	1レベル以内
超パステル	0.5レベル

根元から毛先まで上記以上のレベル差がある場合は、マニパニの前にアルカリカラーでアンダーを均一化させる必要がある

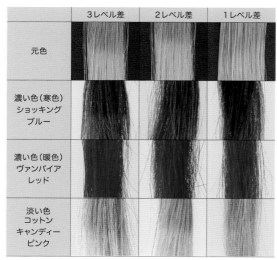

	3レベル差	2レベル差	1レベル差
元色			
濃い色（寒色） ショッキング ブルー			
濃い色（暖色） ヴァンパイア レッド			
淡い色 コットン キャンディー ピンク			

検証:杉奈穂子

アンダーのレベルと発色の関係（検証：杉 奈穂子）

マニックパニックは同じ色でもアンダートーンが異なれば、色そのものの雰囲気や発色が変わってしまう。
どんな色でも自在に操れるようになるには、ブリーチを均一に行えることに加え、レベルごとにどれぐらいの濃度で、
どれぐらい発色するかを把握・理解することが大切だ。

	マニックパニック		17レベル	18レベル	18.5レベル	19レベル	19.5レベル
濃い色	ライラック						
濃い色	ホットホットピンク						
中間色	クレオローズ						
薄い色	コットンキャンディーピンク						
濃い色	ヴァンパイアレッド						
濃い色	アフターミッドナイト						

マニックパニックの調合

マニパニは他のカラー剤に比べて彩度の幅が広く、どんな色味も自在に作ることができる。色を混ぜても濁らないから、僕の場合、原色などの9色を基本として、これらを混ぜて、色を作っている。マニパニで色を作るときの基本は、「淡いものに濃い色を少しずつ足していったほうが失敗やリスクが減る」ってこと。実際に調合ができれば、写真のようにティッシュに調合したカラーを塗り、そのティッシュを光に透かして、頭の中で作った色と誤差がないかを確認してから、お客様の髪に塗るようにしよう。

jooji Voice

マニパニなどの塩基性カラーで大切なことは、「この色を髪に塗ったとき、どんな色になるか！？」ってことを想像することだと思う。
想像することができるようになれば、あとは仕上がりと想像の誤差をいかになくしていくかに注力すること。
とにかく想像しよう。想像こそが上達への第一歩だから。

■希釈に使用するトリートメント
マニックパニックは希釈した方が、色持ちがよくなるこのとき、希釈に用いるトリートメントは、水っぽすぎず、油っぽすぎず、固すぎず柔らかすぎないものを選択すること。僕はシュワルツコフ プロフェッショナルのサロンオンリーコンディショナーを愛用している。

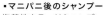

サロンオンリーコンディショナー
（シュワルツコフ プロフェッショナル）

■マニパニ後のシャンプー
塩基性カラーはシャンプーをつけた段階で泡に色が移るため、シャンプー時間は短く、お湯メインで流すようにしよう。

色持ちを考え、洗浄力の優しいシャンプーを希望していたjoojiがサンプルテストの使い心地に満足したというマニックパニック「カラーセーフシャンプー」。

jooji マニパニ雑学

発色
マニパニで発色がいいのは①ヴァンパイアレッド、②ホットホットピンク、③グリーンエンヴィとショッキングブルー。

青系のカラー（アフターミッドナイト・ショッキングブルー）
明度を落としすぎると発色が悪くなったり、色がはっきり出なくなる。

青紫系のカラー（ライラック）
退色するとき、先に青味がとぶため、グレーへと移行していく。

紫系のカラー（ミスティックヘザー・エレクトゥリクアメジスト）
他の原色に比べ、1段階ないしは2段階、発色が落ちる。既存の紫系カラー単色よりも、ショッキングブルーとホットホットピンクで作る紫のほうが発色がいい。

淡い色（コットンキャンディーピンク・バットボーイブルー）
日本人の髪には、見た通りの色は発色しない。
見た目通りの発色を目指すなら、淡い色に少しだけ濃い色を混ぜて調整する必要がある。ただ、濃い色を少しでも多く入れすぎてしまうと、濃い色が勝ってしまうので注意が必要。

その他
ショッキングブルーとホットホットピンクは紫が入っているので、19レベル以上になると紫が左右してくる。

薄めた時に視覚的に見える色の発色は、マニパニとクレイジーカラーはほぼ同等ぐらいだが、クレイジーカラーの赤と黄色以外はマニパニより発色が落ちる。ルベルやYSは、上記よりさらに発色が落ちて、くすみを含み持つことになる。
カラーバターは、そのさらに下の発色となる。
仮にマニパニとカラーバターを混ぜて色を作った場合、見た目よりマニパニの色が勝つので、まずは毛束などに染めてみて、どんな色に発色するのかを確認したほうがよい。

ピンク と **青色** の関係

日本人の髪はピンク（暖色）系が入りやすく、青色が入りにくい。そのため、下の表でもわかるように、「ピンク味のほうが青味より、より低いアンダートーンで発色する」ことになる。仮に青とピンクを同じ比率の分量で調色した場合、19レベルでは青味がきちんと発色していても、18レベルではピンクの方がより発色するってことを認識しておく必要がある。逆に色が抜けるときは、青から先に抜け、ピンクが残留してしまうことになる。これは青色が髪の表層部分に付着して発色、ピンク系は寒色系よりも内側で付着発色するためだ。

	マニックパニック		17レベル	18レベル	18.5レベル	19レベル	19.5レベル
濃い色	ショッキングブルー						
濃い色	エンチャンティッドフォレスト						
中間色	アトミックターコイズ						
中間色	エレクトリックバナナ						
トリートメント希釈	アフターミッドナイト						
トリートメント希釈	ホットホットピンク						

マニックパニックの表現

パステルカラーをする場合、それぞれの色を孤立させて表現するのか（写真②）、あるいは全ての色を馴染ませて表現するのか（写真④）によって、塗布後、コーミングを行うか否かが決定される。
孤立させる場合は、塗りっぱなしのまま放置し（写真①）、馴染ませたい場合は、塗布後コーミングを行うことになる（写真③）。コーミングは髪の落ちる位置でゆっくりリングコームにて行うのがポイント。

① ②

③ ④

多色使いの場合のブロッキング

基本的にjoojiは、多色使いの場合であってもアルミやラップで色味が混ざり合わないようにブロッキングすることはなかったが、①アルカリカラーとマニパニを分けるとき、②濃い色と淡い色を分けるときなどにラップでブロッキングを行っていた。

通常、ラップ等でブロッキングはしない

アルカリカラーとマニパニを分けるためのブロッキング

Yarita Voice

マニパニは薄い色と濃い色を隣り合わせに配置すると、どうしても薄い色に濃い色がついてしまいますが、薄い色同士や濃い色同士など色の濃さが同レベルであれば、色移りは殆どしません。

jooji ヘビーユースランキング

1位 ライラック
2位 ホットホットピンク
3位 アトミックターコイズ

解説：鑓田佳久

1位 ライラック
ペールイエロー領域でオンカラーしていたjoojiにとって必須アイテム。ライラックを少量混ぜることで黄味を消すことができる。
joojiはペールイエローの補色である「青紫」としてライラック希釈を使用することが多かった。

2位 ホットホットピンク
通常、ペール系のピンクにする時は薄めのコットンキャンディーピンクを使うが、jooji はあえて濃いめのホットホットピンクをトリートメントで希釈し彩度の高さを生かした方法で、ペール系のピンクを上手に表現していた。

3位 アトミックターコイズ
青系をより自然に染める為の隠しスパイス！青＋紫だけではなく、青よりの緑のターコイズを混ぜることで、淡いブルー系の色味を巧みに操っていた。

jooji 豆知識
①髪を白く見せるマジック
18レベル以上のペールイエローでは、トリートメント３００gに対し、ライラック0.5〜0.25gを混ぜれば、ライラックがアンダーの黄味を消して髪を白く見せてくれる。
②紫シャンの代わりに
僕は自分で自分の髪をブリーチしているんだけど、髪を白くするために、ライラックを少量、シャンプーに混ぜて、紫シャン感覚で使うこともある。

アンダーのレベルを見極められる目を鍛える

joojiが２０１７年に開催したブリーチワークショップでは、アンダーレベルを見極める目を養うため、受講日までに１７レベル、１８レベル、１９レベルの毛束を作成してくることが課題として出され、それを受講生全員でレベルスケールを用いて、答え合わせをするといった方法がとられた。写真は答え合わせ時のもの。

ホーユー「20段階レベルスケール」

僕のレベルスケールは、ホーユー「20段階レベルスケール」を基準にしている。

「なぜホーユーなのか！？」というと、僕の個人的な意見なんだけど、やっぱりホーユーの「ダニエルギャルビンプロマスター」はアルカリカラーにおける絶対王者だと思っているからで。

でも本当は、25段階か、0.25レベル刻みのレベルスケールを作成したいと思っている。それというのも20段階表記だと、17レベル～20レベルまでの間に劇的な変化がありすぎて、僕のやってるハイトーンカラーを、20段階レベルスケールで伝えるのは難しいと感じているから。今のところ、17レベル以上は「0.25レベル」刻みで分けて考えている。なぜ0.25レベル刻みか、というとアルカリカラーでも、0.25レベル差で、例えば彩度の強いカラー剤だと、全体を1剤50グラムのうち5グラムの差で色のニュアンスが変わってしまうってこと。それに0.5レベルで区切ると、ちょっと色味が変わる可能性がある色があるから。

文字で書いたら凄く細かい世界なんだけど、実際にはそこまで難しくもなくて、25段階にレベルスケールを勝手に作成するか、それとも0.25レベル刻みのスケールを作るかで悩んでいたりする。

アンダーレベルの見極めはなぜ必要か？

アンダーが18.5レベルを越えたあたりから徐々にイエローからホワイトイエローへと変化していく。その変化に伴い、塩基性カラーやアルカリカラーなど同じ調合であっても、レベルが上がるごとに、仕上がりは白色化し、ミルク感やホワイト感などが増していくことになる。

アンダーの黄味を消すには、黄色の補色である「青紫」をカラー剤に混ぜる必要があるが、アンダーのレベルが上がるごとに青紫の分量を減らしていかなければならなくなる。そのため、18.5レベル以上のハイトーンではカラー調合に先立って、アンダーのイエロー具合を見極める目を養っていく必要がある。

また、19レベル以上の履歴がある場合、無理にリフトさせると千切れる危険性がある。そのため、アンダーが何レベルかを的確に見極めることは、ダメージの予防にもつながる。

jooji Voice

アンダー１９レベルになると、マニパニの色がそのまま発色することになる。１８.５レベルだと、黄味がでてくるので、ホワイトやシルバーなど黄味が邪魔をするカラーをする場合は、ブルーバイオレット（マニパニで言うと「ライラック」）を数グラム混ぜる必要がある。

アンダーの見極めに近道なし

アンダーが何レベルかを見極められるようになるためには、毛束やウィッグを使ってレベルごとにブリーチし、そのブリーチした毛束やウィッグをレベルスケールと照らし合わせて答え合わせをしていくという地道な練習を反復継続して行う必要がある。

yamamoto Voice

サロンワークにおいて、アンダーレベルの見極めは、施術前に毛髪を持ち上げて光に透かして濁りを視認することしかありませんが、塗布が終わった時点で最初にブリーチ剤を塗布した部分がどういう風に反応しているかを見る、10分、20分と経過した時に逐一チェックして反応を見ることで、アンダーを見極める目が養われていきます。

jooji Jr.によるレベルスケール作成実習

美容師さんの指導のもと、毛束100束にブリーチ剤を塗布後、17,18,19レベルになるよう放置。ブリーチした毛束をレベルスケールに照らして、何レベルになっているかを答え合わせ。均一にブリーチするのが難しく、最初は何レベルか判断できなかったが、答え合わせを繰り返すうちに、17,18,19レベルの違いがわかるようになってきた。左端の写真は、jooji jr.がブリーチした毛束を使って作成したレベルスケールにお絵かきをしたもの。

●レシピ集●

01｜マニパニ×アルカリカラー

①18レベルにブリーチ後、ギャルビンプロマスターEX（ホーユー）「CB5p ＋A6p ＋Va6p」を「3：1：1」の割合で根元7センチだけ染める

②シャンプー台で軽く乳化すると染めてない部分の黄味が消え、薄っすらとグレーになる

③根元の染めた部分にマニパニ「ショッキングブルー」をトリートメントで希釈したものを塗布

④それ以外の部分については、3センチ四方の束を取りだし、下記のレシピのうちの一色をランダムに塗り、隣の3センチ四方は塗らないの繰り返していく。

青緑‥‥‥‥‥‥‥アトミックターコイズ＋ショッキングブルー＝1：1
ピンクラベンダー ‥‥ライラック＋ホットホットピンク＝1：1
ラベンダー‥‥‥‥‥ピンクラベンダーにしたもの＋ショッキングブルー＝1：1
青 ‥‥‥‥‥‥‥‥ショッキングブルー

いずれもトリートメントで希釈する。上記4色をランダムに塗り分ける。

⑤塗布後、根元から毛先までテーツコームで真っ直ぐにとかし下ろすと境目が馴染む。

02｜マニパニ×アルカリで作る グレー×ラベンダーの5セクションカラー

①17.5レベルにブリーチ後、上下5セクションにブロッキング

②下記のカラーを塗布していく。

1番下の段	マニックパニック「ショッキングブルー2：ホットホットピンク1の割合で調合したものをトリートメントで希釈」
下から2段目	マニックパニック「ホットホットピンク2：ショッキングブルー1の割合で調合したものをトリートメントで希釈」
下から3段目	マニックパニック「ショッキングブルー1：ホットホットピンク1の割合で調合したものをトリートメントで希釈」
下から4段目	アルカリカラー「グレー8レベル3：バイオレットアッシュ8レベル1の割合で調合」
1番上	アルカリカラー「グレー8レベル2：アッシュ7レベル1：バイオレットアッシュ8レベル1：アクセントカラーのブルー1の割合で調合」

03｜マニパニ×アルカリカラーで作るセクションカラー01

トップはアルカリカラー：
グレー＋アッシュ＋ブルーバイオレット
（全て10レベル）
インナーセクションカラー：
マニックパニック
エンチャンティッドフォレスト＋ライラック
（全てトリートメントで希釈）

04｜ブリーチなしのマニパニパープルヘアー

既染部は10レベル強のレッドブラウン。

第1プロセス：アルカリカラーの「バイオレット＋ピンク＋アッシュ」の調合で10レベルのピンクバイオレットブラウンを作って塗布。
アッシュでブラウン味を削るのがポイント。
第2プロセス：マニックパニックの「ホットホットピンク＋ショッキングブルー＋ライラック」の調合でパープルを作り塗布。
ライラックでホワイトニングを施すのがポイント。
第1プロセスの「アッシュ」と第2プロセスの「ライラック」を重ねたことで明度をさほど下げずに彩度を上げることができる。

05｜マニパニ×アルカリカラーで作るセクションカラー02

①ブリーチ後、ピンク系アルカリカラー（「P10＋P8＋N10＋PV10」）でベースカラーを作る。
②ブロッキング：トップはナチュラルパート付近を薄めに取り除き、ブロッキング。ネープ、耳下部分も取り除いて残った部分をツーセクションにブロッキング。

↓

③アンダーセクションにマニックパニックを塗布。

↓

アンダーセクション

④オーバーセクションにマニックパニックを塗布。
［マニックパニック］

青‥‥‥‥ショッキングブルーをかなり希釈
ピンク ‥‥ホットホットピンクをかなり希釈
緑‥‥‥‥エンチャンティッドフォレストをかなり希釈
ラベンダー‥‥ホットホットピンク希釈2＋ショッキングブルー希釈1
水色‥‥‥‥ショッキングブルー希釈＋ライラック及びアトミックターコイズ希釈微量
※希釈はいずれもトリートメントにて

オーバーセクション

仕上がり

マニパニを綺麗に発色させるためには必要なアンダーレベルがある

18.5
レベル

ほぼどんな色でも表現が可能となるが、アンダーの黄味がでてくるのでパステル系やホワイト系を表現するには19レベルまで上げる必要がある。

ブリーチの回数（目安）

18レベル	2〜3回
18.5レベル	3〜4回
19レベル	4〜6回
19.5レベル	5〜7回

19
レベル

マニパニが見た目通りの発色をしてくれる。

ホワイト系	19〜19.5レベル
淡いパステル	19.25レベル
リアルホワイト	19.5レベル

Mari Voice

> joojiさんは求める色に対して正確に必要なアンダーレベルを理解していました。
> アッシュベージュ・ミルクティ系はブリーチ1〜2回でできるカラーで15〜17レベル、グレージュは2〜3回のフルブリーチで17〜18レベル、グレー系はブリーチ3〜4回で18.5レベル、ホワイト系は19〜19.5レベルで、19レベルにあげるには4〜6回、19.5レベルでは5〜7回のブリーチが必要と話してくださいました。

ピンク編

ベビーピンクの作り方 （施術工程P102参照）

マニックパニックで「ベビーピンク」といえば、コットンキャンディーピンクになるが、19レベルあたりのアンダートーンにホワイトカラーを施し、コットンキャンディーピンクを塗布しても、コットンキャンディー自体の発色が日本人の髪には淡すぎて綺麗には発色してくれない。そこで日本人の髪にベビーピンクを表現するときは、コットンキャンディーピンクよりも、ほんの少しだけ濃くしたものを調合して作らなくてはならない。

具体的には、「コットンキャンディーピンク」の見た目ぐらいの薄さにトリートメントで希釈したホットホットピンク、又はクレオローズを作って、そこにコットンキャンディーピンクを加えて混合調合する。調合したものを塗布すると、驚くほど簡単にベビーピンクを表現することができる。

★（クレオローズ+トリートメント）+コットンキャンディーピンク
★（ホットホットピンク+トリートメント）+コットンキャンディーピンク

応用：さらに微量のライラック希釈を加えれば、退色時によりベビーピンクやホワイトピンクに近づけることができる。

★ （ホットホットピンク+トリートメント）+コットンキャンディーピンク +（ライラック+トリートメント）

クレオローズ
クレオローズを薄く希釈したときに、純粋なピンクが出る。

ホットホットピンク
希釈したときに微量の紫が混ざっているので、アルカリカラーでホワイトカラーを作るときは、そのことを考慮する必要がある。

コットンキャンディーピンク
マニックパニックにおけるベビーピンク。ハイブリーチをしても日本人の髪には、コットンキャンディーピンクだけではベビーピンクを綺麗に発色させることはできない。そのためコットンキャンディーピンクにクレオローズもしくはホットホットピンクを希釈したものを調合してベビーピンクを作る必要がある。

施術工程

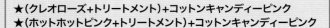

①ブリーチ【アンダーは19レベル以上】 → ②アルカリカラー → ③マニックパニック

アルカリカラーの調合（一例）
P10（ピンク）
＋
V10（バイオレット）
＋
N10

マニックパニックの調合（一例）
（ホットホットピンク+トリートメント）
＋
コットンキャンディーピンク
＋
（ライラック+トリートメント）

ピンク編

ミルキーピンクの作り方

左の写真のようなピンクは、「ホットホットピンク」をトリートメントで希釈して、さらに、ほんの少量「ミスティックヘザー」を足せば作ることができる。色の濃淡はトリートメントの希釈具合で調節することになる。仮に、写真よりも、もっと白味を帯びさせたいときは、アンダートーン19.25レベルのペールイエロー領域では、微量の青紫で髪を白色化させることができるので、今回の調合に、「ライラック」1グラム未満を同時に調合した上で、トリートメントでもう少し希釈すればよい。

★（ホットホットピンク＋トリートメント）＋少量のミスティックヘザー
※＋ライラック1グラム未満＋トリートメントで白色化

ブルー編

アイスブルーの作り方（施術工程P125参照）

日本人の髪にアイスブルー系カラーを発色させるには、最低でもアンダーは19レベルの明るさが必要となる。ブリーチ後は、アルカリカラーでベースを調える。目的としては、黄味を消すためと、その後に塗布する塩基性カラーを扱いやすくするため。そうすれば日本人の髪でもアイスブルーを出しやすくなる。
マニックパニックの「ショッキングブルー」・「ライラック」・「アトミックターコイズ」をいずれも1：1：1の割合で、各5グラム、計15グラムに、300グラムの希釈用トリートメントを混ぜ合わせる。

★（ショッキングブルー＋ライラック＋アトミックターコイズ）＋トリートメント

施術工程

①ブリーチ【アンダーは19レベル以上】	②アルカリカラー	③マニックパニック
	アルカリカラーの調合（一例） N10と10レベルのブルー1：1 ＋ 少量の10レベルの ブルーバイオレット ＋ 少量の10レベルのアッシュ ＋ 少量の10レベルのグレー	マニックパニックの調合（一例） ショッキングブルー5グラム ＋ ライラック5グラム ＋ アトミックターコイズ5グラム ＋ トリートメント 300グラム

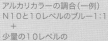

水色の作り方

水色を作るには『青と青紫と微量の緑味』が必要となる。

①「ショッキングブルー」と「ライラック」に「アトミックターコイズ」を入れて水色を作る方法と、②「ショッキングブルー」と「ライラック」に「アフターミッドナイト」を入れて水色を作る方法がある。アトミックターコイズで作ったほうが失敗は少ないが、アフターミッドナイトで作るほうが、より外国人の質感を表現できる。両者の違いは、微妙な光沢の違いとして現れる。

★（ショッキングブルー＋ライラック）＋アトミックターコイズ
★（ショッキングブルー＋ライラック）＋アフターミッドナイト

jooji Voice

微量の緑味が必要な理由は、ペールイエロー（アンダー）に、青色をのせると仕上りが緑色に寄ってしまうため。微量の緑味を入れておけば、青色が表現しやすくなる。また光の三原色（P107）からも緑が必要となる。

彩度の高い紺色の作り方

彩度の高い紺色はアンダーが18.5レベル以上ないと綺麗に発色しない。まずはアンダーを18.5レベルまでブリーチで明るくしてから、6～7レベルのアルカリカラーでブルーアッシュに染めてトーンダウンさせ、その上からマニックパニック「ショッキングブルー」を塗っていく。

写真はjoojiが2017年に開催した「ブリーチワークショップ」の受講者Minakoさんの作品。ブルーアッシュ（アルカリカラー）は、アクセントカラーのブルー（6～7レベル）とアッシュの調合で作る。

パープル編

紫の作り方

塩基性カラーの紫は、他の原色と比べ一段ないし二段階トーンが落ちるため、青紫の色を作り出すことがポイント。

マニックパニック「ライラック」2に対して、「ショッキングブルー」2を足し、さらに「ホットホットピンク」を0.5足したものを軽く希釈すれば青紫になる。

ここで覚えておきたいのは、「既存の紫より、ショッキングブルーとホットホットピンクを混ぜて作る紫のほうが、より発色する」ってことだ。

★ライラック+ショッキングブルー+ホットホットピンク

紫を作る場合の注意点：「ピンク味のほうが青味より、より低いアンダートーンで発色する」ため、仮に青とピンクを同じ比率の分量で調合した場合、19レベルでは青味がきちんと発色していても、18レベルではピンクの方がより発色してしまうことになる。そのため18レベルでは青の分量を多くする必要がある。

ラベンダーの作り方

マニックパニック「ホットホットピンク」をトリートメントで希釈したもの「2」の割合に対して「ショッキングブルー」をトリートメントで希釈したもの「1」の割合で作る。

★(ホットホットピンク+トリートメント)+(ショッキングブルー+トリートメント)

ラベンダーのバリエーション「ブルーラベンダー」

19レベルにブリーチ後、マニックパニック「ライラック」、「ショッキングブルー」、「ホットホットピンク」をそれぞれトリートメントで希釈調合し、ブルーラベンダーを作る。

ホワイト編

Jooji Voice

18.5レベル以下のアンダーでホワイト系やシルバー系など、綺麗な発色にアンダーの黄味が邪魔をするカラーをする場合は、ブルーバイオレットを数グラム混ぜるようにしよう。

ホワイトブロンド（施術工程P121参照）

ブリーチで作るブロンドに少し補正をかけてホワイトブロンドに仕上げるには、紫シャンプー感覚で、トリートメント希釈した塩基性カラーを塗布すればいい。

ブリーチで19.25レベルにして、マニックパニックの「ライラック」をトリートメントで超希釈したものを塗布。具体的には、トリートメント80グラムに対し、ライラックを2グラム以下で混ぜ合わせて作る。

★ライラック+トリートメント

*アルカリカラーで施術する場合は、クリア剤メインでN10に黄味を消しきらない程度の微量のブルーラベンダーを混ぜれば、ほぼ同じ効果が出せる。ただし、微妙な明度の関係で、塩基性カラーのほうがより光沢が出せる。

リアルホワイト（施術工程P120参照）

リアルホワイトを表現するにはアンダーは19.5レベルまでリフトさせる必要がある。

アンダーを19.5レベルまで上げてから、マニックパニックの「ヴァージンスノー」50グラムに「ライラック」0.75グラムを加えたものをトリートメント300グラムで希釈したものを塗布（写真左）。又は「ライラック」0.5グラムをトリートメント300グラムで希釈したものを塗布していく（写真右）。

★(ヴァージンスノー+ライラック)+トリートメント
★ライラック+トリートメント

アルカリカラーをマスターする

塩基性カラーを綺麗に発色させるには、ベースブリーチを均一に行う必要があるが、
タンパク変性や残留染料などによって、均一にブリーチするのが難しいケースも少なくはない。
joojiのオンカラー理論では、ブリーチにむらがあるときは迷わずアルカリカラーでベースを整えることが推奨されている。
この章ではアルカリカラーの役割や調合の仕方だけでなく、アルカリカラーを用いたjooji流テクニックをもマスターすることを目的とする。

アルカリカラーの役割	①アンダーを均一化し、塩基性カラーを扱いやすくする ②残留塩基性カラーの除去

アルカリカラーの役割 1 アンダーを均一化し、塩基性カラーを扱いやすくする

マニックパニックなどの塩基性カラーはアンダーの影響をもろに受ける。ブリーチ後のアンダーにレベル差や色むらがある場合は、一旦アルカリカラーでベースを整えてから、塩基性カラーを塗布するようにしよう。ブリーチ後、塩基性カラーの前にアルカリカラーを塗布することで、アンダーのトーンが均一に整い、その後使用する塩基性カラーが扱いやすくなるからだ。

アルカリカラーの考え方

6レベル	8レベル	10レベル
ダークトーン	ミドルトーン	ハイトーン

jooji 豆知識

例えば8レベルのカラー希望で彩度を高くしたい時は、8レベルのものをそのまま使うよりも、6レベルのものと10レベルのものを調合した方が彩度は上がる。

ブリーチ後のアルカリカラー

ブリーチ後のアルカリカラーは10レベルを上限としたほうがいい。
理由は11レベル以上の薬剤だとメーカーによってはライトナーを多く含んでいるため、発色が不安定になること、ブリーチべた塗りの場合には、頭皮へしみる確率が格段にあがることからだ。なお、ブリーチ後のアルカリカラーは、オキシ3%の組み合わせが一番美しく染まる。

■微アルカリカラー

微アルカリカラーは、長時間おかないと綺麗に発色しないため、色むらになりやすいことから、僕は使わない。また、残留塩基性カラーを除去する場合も、微アルカリカラーや低アルカリカラーでは効果がでないことから、必ずアルカリカラーを使用すること。

アルカリカラーの施術例

トーンダウンによる濁りが強く残っている状態

中間部に濁りがでている状態だが、この程度ならアルカリカラーで補正可能

アルカリカラーでベースを均一化した状態

くすみ感のあるパステルカラーが完成

使用したアルカリカラー
N10（白味をだす）+BV10（黄味を消す）+A10（残留ティントの濁りを弱める）+MT10（くすませる）+M10（マット感をだす）

アルカリカラーをマスターする

アルカリカラーの調合をマスターする

アルカリカラーはその後に塗布する塩基性カラーの色（希望色）を基準に必要な色を足して調合していく。

ただし、カラー剤の調合はアンダーの状態や毛質などによって異なってくる。必要なことは、アンダーの状態から希望色を塗ったときに「何が必要で何が必要でないか」を考えながら、アルカリカラーを選定していくこと。濁りや赤みに色を乗せたときにどんな仕上がりになるかを予想したり、想像したり、実際に塗布して確認したりを繰り返すうちに、自然とアンダーの状態から、希望色に対し、必要な色を選定することができるようになる。

> アンダーの状態から希望色に対し「何が必要で何が必要でないか」が
> カラー選定のポイント

アルカリカラー剤選定の一応の目安

10 N （ニュートラルブラウン）	いらない色を和らげる
10 BV （ブルーバイオレット）	黄味を消す（寒色系）
10 BL （ブルーラベンダー）	黄味を消す（暖色系）
10 A （アッシュ） 18.5 レベル以上	残留ティントの濁りを消す
10 MT （モノトーン）	くすませる
10 M （マット）	マット味をだす

※アンダーの状態や毛質によって異なる

KARIN Voice

joojiがベースが不均一な場合はアルカリと言うのは、微アルカリだとアンダーが削れず、ベースが不均一なまま色みがのってしまって濁るからです。例えば、真っ白な髪色にしたくて毛先は19レベル。新生部をリタッチしたけど19レベルまで上がらなかった場合、アルカリカラーで染めると、アンダーが削られ、根元の黄味もマシに見えます。またベースに黒染めなどの残留ティントがあっても、アルカリカラーによってアンダーが削られるので、均一化しやすくなります。だから、しつこく言い続けているのでしょうね。

私も、退色が綺麗だし、均一化されるから、アルカリで染めることが多いです。

アルカリカラーの選定はベースの状態で大きく変わります。求める色にできるだけ近い色を選定します。そして、ベースにこの色をのせたらどうなるかを想像します。

黄味が強く、求める色に黄味がいらない場合は、joojiが言っているように黄味を消すためにバイオレット系をいれます。くすますならMT。jooji の言っている感じで入れていきます。

要はベースの状態から求める色に対して何が必要で、何がいらないかを考えながら、アルカリカラー剤を選定していくことが大切です。

ホワイト系カラー（アンダー19レベル以上）

> N10+薄いアッシュ少量+バイオレット（アッシュよりも少量）
> +微量の青

jooji のホワイトカラーのレシピをお客様の髪に合わせてアレンジしたMinakoさんの作品（ウエラ「This is my color」コンテスト選出作品）。
レシピは【14/00+クリア(1:1)】:【10/91+10/68+10/11(29:1:1)】＝4:1

グレーカラー（アンダー18.5レベル以上）

> グレーモノトーン+少量の青+少量の青紫
> ※アンダーが18レベルだとグレージュになる。

ピンク系

> ピンク+バイオレット
> ※これに青系を入れるとラベンダーよりのピンクになる

いずれの色もアンダーの状態によって、色味を足したり引いたりする必要がある。

アルカリカラーの放置時間：20～25分

アルカリカラーもしっかりと放置時間をおくと、綺麗に発色するので、思い通りの色が入ったからって5分や10分の放置でシャンプーすると、色むらの原因となるので要注意。

シャンプーして乾かせば、そんなに色はでないので、20～25分は放置時間を確保することが必要だ。

アルカリカラーで＋1レベル明るく見せるテクニック

全ての髪を、とことん明るくできるわけではない。黒染めやブラウンカラー、その他のカラーによる残留ティントと、それにまつわるダメージ状態では、その日にできる明るさは決まってくるわけで。それでも、「できるだけ明るくしたい」っていう要望があった場合、僕は、よくあるテクニックを多用する。
例えば、残留ティントによってブリーチが17とか18レベルで止まって、それ以上、上がらない場合、アルカリカラーを入れて、レベル＋1明るく見せる方法がある。「希望色＋N10＋V10＋補色」でブリーチ状態より明るく見せることができる。

「希望色＋N10＋V10＋補色」＝＋1レベル

写真はこのテクニックでアルカリカラーを入れて、マニパニで白っぽく見せたもの。色を重ねてもなお明るく見えるって、やっぱり色の世界って面白いね。

アルカリカラーだけを使ったスタイル

マニパニのイメージが強いjoojiだが、アルカリカラーだけで作ったスタイルも多く残されている。

①アイスブルーなカラー。
②ブロンドグレー系アルカリカラー。
③ホワイト系アルカリカラー。
④ピンクホワイトのバリエーションのひとつ。
⑤ブルー系デニムカラー。
⑥モードなホワイトピンクはアルカリカラーで作る。
⑦ラベンダーホワイト混じりのピンクカラー。

①

②　③　④

⑤　⑥　⑦

アルカリカラー剤

■ILLUMINA COLOR
イルミナは色の中に青紫がうっすら発色して、その上に強い光沢がのる感じなので、ハイトーンのホワイト系カラーで最も効果を発揮するといえる。

（写真右）イルミナオーシャン×マニパニショッキングブルー。
光沢に変化を出したかったのでイルミナを選択した。

■NASEED COLOR
発色、艶、ダメージのすべてにおいて及第点以上、カラー剤自体に個性が少ない分、僕らしい色や艶を表現できるため、最も多用しているのがこのナプラのカラー剤だ。

■THROW
スロウはネイビーよりのブルーが発色して、その上に柔らかい光がのる感じだ。ネイビーブルーの発色って黒髪の質感と少し似通ったところがあるから、日本人に最も似合う色を考えて作られたんだな、と伺えるところが素敵だ。ただし、実際の仕上がりは視覚的にトーンが落ちた印象になるので、明るさを維持したいお客様に使用する場合は、クリア剤やナチュラル剤と配合する必要がある。僕自身、グレージュやブルージュなどで渋く光沢を出したいときは迷わずスロウを使用している。

（写真上）スロウによるグレーカラーとマニパニによるピンクとラベンダーのインナーセクションカラー。
（写真右）スロウによるホワイト系グレーカラー。
（写真下）スロウを使ったホワイトグレージュ系のナチュラルグラデーション。渋く鈍く光沢を出したいときにスロウ使う。

アルカリカラーをマスターする

［実践4］アルカリカラーでアンダーを整える

履歴	前々回：19レベル超のスーパーハイトーン
	前回：7〜8レベルのブラウン混じりのアルカリカラーでトーンダウン
オーダー	ハイトーンのベビーピンク系
問題点	残留ティントがあるため全頭ブリーチが必要だが、19レベル超えの履歴があると、無理をすればかなり髪が千切れることになる。
提案	今回は多少千切れるのは仕方がないとしても、できるだけ無理をせず、抜けた色で工夫して、ベビーピンク系に見せようと提案し、施術に入った。

ブリーチ後の状態。
前回、トーンダウン時に根元だった部分に、残留ティントがあり濁りがある状態。
この状態でベビーピンクを塗れば、根元のピンクだけが浮き、金髪またはサーモンピンクよりになる。そこでアルカリカラーによる補正が必要となる。

アルカリカラー（ピンクバイオレット）でグラデーションを軽くつけてからの施術がベストな選択であったため、濁りのあった根元部分にアルカリカラーでリタッチを施した。
使用薬剤は、ビューティーエクスペリエンス「スロウ」の「P10とV10とN10」を「3:1:1」の割合で調合したもの。

毛先には、より白味を増すように、残液（「P10とV10とN10」を「3:1:1」の割合で調合したもの）に「N10」を30グラム足したものを塗布。オキシは3%。

アルカリカラー後に、マニックパニックのピンク系でアプローチ。ホットホットピンクをトリートメントで希釈したものに、コットンキャンディーピンクを混ぜ、さらに微量のライラックをトリートメント希釈したものを加えた。
ライラック希釈を足した理由は、ラベンダーを混ぜることにより、退色時に、よりベビーピンクやホワイトピンクに近づけるためだ。
写真は、マニックパニック塗布後、シャンプードライ前の写真。

仕上がりの写真

アルカリカラーの役割 2 残留塩基性カラーを除去する

ブリーチでは残留塩基性カラーを浮かすぐらいの感覚で施術した方がダメージを軽減できる。残留塩基性カラーは基本的にはブリーチではなく、アルカリカラーで落とすと考えたほうがいい。
マニックパニックなどの残留塩基性カラーは、アルカリカラーで80%〜100%まで落とすことができる。ただし、ロコルのピンクはなかなか手強く、概ね70%〜80%までは落とせるが、20%〜30%は残留してしまうため、アルカリカラーの調合で調整していくことになる（具体的施術工程P103参照）。

このときアルカリカラーで気をつけることは、放置時間は20分以上置いたほうがより残留塩基性カラーを消せるということ。
もちろんブリーチ後なのでオキシは3%である。

> ［残留塩基性カラーを消す場合のアルカリカラーの基本的な調合と放置時間］
> **「N10＋希望色」（オキシ3%）。放置時間は20分以上**

残留塩基性カラーの除去にブリーチは必須ではない？！

赤や濃い色を数回繰り返した場合や、凄く濃い色の状態にある場合はブリーチしないと髪色をチェンジすることは難しいが、1〜2回程度の施術による、ある程度薄くなった塩基性カラーが残っている髪をカラーチェンジする場合は、ブリーチは必ずしも必要とはいえない。
アルカリカラーとオキシ3%程度の薬剤を塗布して20分以上放置すれば、大概の残留塩基性カラーは消えてなくなる！
極論を言えばクリア剤とオキシ3%でも消えるので、残っている塩基性カラーにはブリーチは必須ではないってことを頭の片隅に入れておこう。
この際、微アルカリカラーや低アルカリカラーでは効果が薄れるので必ずアルカリカラーを使用すること。

> ［ある程度薄くなった塩基性カラーの取り扱い］
> **アルカリカラーorクリア剤＋オキシ3%で除去できる**
> **（ブリーチは必須ではない）**

「残留した塩基性カラーにはアルカリカラーをぶっこめ！です」。

[実践5] ブリーチでも取れない残留塩基性カラーをアルカリカラーで処理

2か月前：19レベルにフルブリーチ
来店までの間、自宅でロコルのオーキッドをかなり薄めて紫シャンプー感覚でカラートリートメントをしていた。

問診 ぱっと見ただけでも既染部になんらかの染料が乗っかっているのがわかるので、既染部の染料として何を使ったかを聞いたところ、ロコルのオーキッドをかなり薄めて紫シャンプー感覚でカラートリートメントしていたとのこと。

オーダー 白すぎない白っぽい色を希望

施術工程 根元をブリーチで既染部に揃え、既染部については脱染目的だけで軽くブリーチを伸ばして染料を飛ばしてから、アルカリカラーをすることを決めて施術に入った。

①ブリーチ後の状態。ロコルのオーキッドに含まれているピンクが毛先に残留しているのがわかる。ブリーチでは残留塩基性カラーを浮かすぐらいの感覚で施術したほうがダメージを低減できる。基本的には残留塩基性カラーはブリーチではなく、アルカリカラーで落とすと考えた方がよいだろう。ただし、ロコルのピンクはアルカリカラーをもってしても、20〜30%残留してしまうことから、あとはアルカリカラーの調合で調整していくことになる。

■塩基性カラーの色構成を押さえよう

塩基性カラーの紫	基本的に「青とピンク」で構成。青は表層部に付着して発色、ピンクは寒色系より内側で付着発色するため、紫をブリーチするとピンクが残る傾向にある。
ロコルのオーキッド	「青とピーチ」で構成されているようで、ピーチは赤に近いピンクのため、ロコルのオーキッドは他の塩基性カラーよりもピンクが残留してしまう。

■アルカリカラーの調合を考えよう

アンダーと希望色に対し「何が必要で何が必要ではないか」を基準に考えていく。

ピンクみを和らげてトーンを揃える	N10
黄み	19レベルの黄みを消すには「ブルーバイオレット」または「ブルーラベンダー」が必要となることから、「BV10」または「BL10」の薬剤が最適。今回は薄っすらピンクが残るということを考慮してラベンダーを感じさせるカラーに仕上げることにしたので「BL10」を選択。なお、ラベンダーであれば、毛先に残ったピンクに調和するだけでなく、退色後も紫の効果でベースブリーチのレベルを上げてくれるので、優しいブロンドに向かわせることができる。
19レベルの黄味を消しつつ、白味を感じさせる	微量の青味が必要なことから「微量のアッシュ」
オーダーの白すぎない白っぽい色	時代の流れや、日本人の髪質を考えるとホワイトでも少しグレーを感じさせた方がゲストや時代にマッチすることから「微量のグレー」

[今回のアルカリカラーの調合]
N10＋BL10＋微量のグレー＋微量のアッシュ＋オキシ3%

アルカリカラー後の写真。アルカリカラーの放置時間は20分以上。

仕上がりの写真。ホワイトラベンダーグレイカラーの出来上がり。

jooji Voice

微量の青味（アッシュ）が必要な理由
髪はある一定以上のアンダーレベルになると反射ではなく、光を透通する。そこで考え方として、色の三原色ではなく、光の三原色の知識も多少必要になってくる。例えば、蛍光灯のような青白い光のほうが人間の視覚には、より白に見えるということ。そのため、19レベルのまだ完全に透明ではないアンダートーンの黄味を消しつつ、なおかつ白味を感じさせるには微量の青味（アッシュ）が必要となってくるわけだ。

joojiは塩基性カラーの魔術師

マニックパニックを知り尽くし、思い通りに色を操る
「塩基性カラーの魔術師」joojiの
カラーデザインを読み解くキーワードを紹介。

jooji color design study
塩基性カラーは明彩度コントロールが鍵となる

マンセル色立体をひたすら眺め、色の持つ明度が理解出来たら、色を使って明彩度のコントロールができるようになる。

マンセル色立体：色彩を色相・明度・彩度の3つの要素の組み合わせにより表現したマンセルの表色系を三次元空間にまとめたもの。縦軸で表されるのが明度（色の明るさ）、横軸で表されるのが彩度（色の鮮やかさ）、外周には色相（色合い）が表されている。

①明度コントロール

アンダーレベルが根元から毛先まで同じであっても、濃い色・中間色・薄い色を見極めて塗り分ければ、同色の中でも明度コントロールが出来る。写真は、同色相による明度コントロールしたグラデーションカラー。

暗（濃いブルー）

↕

明（スカイブルー）

濃いブルー〜スカイブルーへのグラデーションヘアーカラー。
色落ちが不思議な世界になるよう紫を使用している。
［使用しているマニックパニック］
・アフターミッドナイト・ショッキングブルー・ライラック（濃い色）・アトミックターコイズ（中間色）・ヴァージンスノー（薄い色）

jooji Voice

明度（明かるさ）を落としたくないときは直接マニパニ。マニパニやアルカリカラーで明度や彩度を自在に操れるようになればカラーリングってほんとに楽しいから！

②彩度コントロール

マニパニのアフターミッドナイトのような濃い色に、トリートメントの希釈量を変えながら色の濃淡を調整していけば、1色でも幅広い彩度の色を作り出すことが可能になる。
また、アルカリカラーでベースをくすませてから、マニパニを塗布することで彩度に変化を与える事も出来る。

③明彩度コントロール

明彩度をコントロールできると左右非対称に色を配置してもバランスをとることができる。

jooji Voice

髪は上から下へ落ちる。ボブや、ある程度の長さのある髪で段差がさほど入ってない場合、トップに入れる色でだいたいの印象は決まる。では「色は左右対称に配置しないといけないのか！？」。僕は、垂直に落ちるセクションさえバランスがとれていれば左右対称にしなくてもいいと思う。たとえ違う色であっても明度や彩度で比重バランスがとれていれば、どんな色を入れてもバランスはとれるはず。セオリーから一歩踏み出すと、そこには新しい世界や別の次元がある。そんなことを永遠に考えている僕はとても髪を染めるってことが好きなんだと思う。

jooji color design study

色落ち過程をも考慮したカラーデザイン

僕にとってカラフルヘアーを作るとき早く色落ちさせる色と、ある程度色を持たせるカラーを頭の中で配置させて、
一週間後、二週間後三週間後と色を変えていくことを醍醐味にしている。毎日色が変わっていくストーリーに想いを込めて。
その仕事が、僕が僕である所以だと自分に言い聞かせるように。

START

10days later

鎌田 Voice

14days later

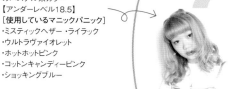

パープル ピンク ラベンダーなど
のパステル系カラー
【アンダーレベル18.5】
[使用しているマニックパニック]
・ミスティックヘザー ・ライラック
・ウルトラヴァイオレット
・ホットホットピンク
・コットンキャンディーピンク
・ショッキングブルー

process of jooji color fading

22days later

27days later
&
color change

26days later

20days later

color change

jooji Voice

通常、青で染めたあとの褪色は緑色になりがちですが、事前にアンダーをペール系の紫に染めておけば、褪色後の色味が、緑でなく紫に寄りやすくなります。
オンカラーでも同様に、青単色「アフターミッドナイト」だけで染めるのではなく、「ウルトラヴァイオレット」や「ディープパープルドリーム」などの紫系を少量混ぜて使うことで、褪色過程が紫に傾きやすくなります。

「とても簡単にあっさりとあたかも日常のことのようにそれをやり終えた。」ブリーチもアルカリカラーもしないで、根元2センチから15センチまでの間は来たときの色のまま、根元と中間から毛先にマニパニ（ライラック、ショッキングブルー、ホットホットピンク）を継ぎ足し、色の世界観を統一させカラーチェンジさせた。
「え！？ジョージってそんなことまでできるんだ！？」って自分に言ったぐらい。僕の中でしかわかんないことなんだろうけど、とても神がかった時間の中でカラーができたので、今だけ自分で自分を褒めさせて。

jooji color design study
カットスタイルで考えるセクションカラー

例えば、ボブやAライン、ミディアム、ロングといったカットベースがグラデーション主体で構成されたスタイルは、横、またはナナメ軸でカットベースのセクションが作られていくことになる。

当然、上の髪は上から下へと落ちるので、上の髪に長さがあれば、表層以外の髪は隠れてしまうので、セクションカラーの場合、表層以外のカラーをいかに効果的に見せるかがポイントになる。つまり、隠れている髪と見えている髪のバランスを考えながら、セクションカラーのスライスも、横またはナナメ軸で構成していくことになる。

一方、レイヤースタイルは、ほとんどの髪が見えること、およびカットベースも縦またはナナメ軸で構成されているので、レイヤースタイルのセクションカラーは、縦またはナナメ軸で構成していくことになる。そのため、レイヤースタイルのセクションカラーでは、トップの長さが短い分、表層からどの層のカラーもダイレクトに見えてしまうことから、いかにバランスよく隠すかがポイントになる。

同じセクションカラーでも、スタイルによって考え方そのものが変わってくる。

大切なのはスタイルの構成を理解し、縦、横、斜めのいずれのセクションを選択していくかを常に考えなければならない。

グラデーションスタイルのブロッキング例

（写真①）インナーカラーをするためブロッキングしたバック姿。ブロッキングするときの注意点は

●髪は上から下に落ちるということ、
●ボブなど段差のない面構成のスタイルだと、表面の髪が印象を支配するということ。

そのため、思っているよりも大胆にブロッキングする必要がある。
こめかみラインより、さらに上で分け取っている。
（写真②）インナーカラーをするためブロッキングしたサイド姿。前髪の内側もインナーカラーを入れるため、このようなブロッキングになっている。
（写真③）マニックパニック塗布後のバックビュー。マニパニの調合はショッキングブルーにライラックを足した上で、微妙にアトミックターコイズを足した「水色を感じさせるブルー」。
（写真④）トップのブロッキング部分にグレー系のアルカリカラーを塗布した状態。アルカリカラーは8レベルグレーと8レベルモノトーンに、少量のバイオレットと、微量のアッシュを足して調合した。なお、アルカリカラーのグレーは、8レベルが最もグレー感が出やすく彩度が高くなる。
（写真⑤）シャンプー後の写真。ブロッキングによるインナーカラーの見え方を感じてもらえたら嬉しい。

| グラデーション主体のスタイル | ▶「隠れている髪をいかに見せるか」がポイント |
| レイヤー主体のスタイル | ▶「いかにバランスよく隠すか」がポイント |

グラデーションスタイル

「joojiさんはスタイルを①ボブ、②グラデーション、③グラデーション＋レイヤー、④レイヤーの4つに分類していて、グラデーション、ボブ、グラデーションonレイヤーでほぼ作品が埋め尽くされているぐらいグラデーション熱が半端なく強いんです。joojiさんの作るグラデーションはすごく繊細なコーミングをしていて、コームが髪を梳くのではなくて、joojiさんの指先から梳かれているような美しいコーミングなんですよ。髪の毛1本1本に「きれいに収まるんだよ」って話しかけるみたいに、優しく美しく梳くんです。」（杉奈穂子）

①上海から来た美容師さん向けのセミナーでデモンストレーションしたカラー。
②インナーカラーはクリアな赤を作って、色落ちしていくごとに淡いピンクレッドに変わっていくようにしている。
③ホワイト系カラーとパープルのインナーカラー。
④ラベンダーのナチュラルグラデーションカラー＆ピンクのインナーカラー。
⑤ダークグレーと鮮やかなブルーが印象的なインナーカラー。
⑥ダークグレーバイオレットと2種類のグリーンのインナーカラー。
⑦ピンクグレー×レッドのセクションカラー。
⑧ラベンダー系ブロンドとカラフルなインナーセクションカラー。

jooji 豆知識

ボブを切る時、黒髪よりブリーチ毛のほうがシェープ時、頭皮から浮きやすい傾向にあるのでシザーを使いシェープ面をフィットさせてから切ってやると綺麗なカットラインが作れるよ。

マニパニ×和

可愛いが表現できていれば、和装にもしっくりマッチする。

フィルターパステルカラー

「（ハイトーンレベルの）髪は光を透過する」という原理を応用したjoojiオリジナルの「フィルターパステルカラー」は、その名の通り、髪にフィルターをかけるように、髪の内側と表面とで違う色を配色し、光が当たることで、内側と表面の色が混じり合うカラースタイルのこと。

■フィルターパステルカラーレシピ

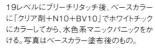

19レベルにブリーチリタッチ後、ベースカラーに「クリア剤＋N10＋BV10」でホワイトチックにカラーしてから、水色系マニックパニックをかける。写真はベースカラー塗布後のもの。

ホワイト系にくすみを持たせ淡い水色をかけることによってアイスブルー系の世界観が表現できる。

バリエーション

①エメラルドホワイトのグラデーションフィルターカラー ②少しメタリックな艶感の出るフィルターをかけたスタイル（施術工程P123参照）③コットンキャンディーピンク×ホワイトのパステルフィルターカラー。

マニパニ×光

ある一定以上のアンダーレベルになると髪は光を反射ではなく、透通させる。写真は「（ハイトーンレベルの）髪は光を透過する」という原理を利用したカラースタイル。
蛍光灯って青白い光で、それが通過すると③の写真のようになるが、初夏の太陽下だと、青紫と赤紫がバランスよく発色する。
居る場所で微妙に色の見え方が変わってくるから、カラーって本当におもしろいね。

①ラベンダー系のベースカラーと、いろんな紫9色のアクセントカラーを細めの線で構成し、青紫から赤紫へと、紫の色調が変わる様を光で楽しむヘアーカラーだ。

仕上がりの写真では赤紫が強く発色しているが（写真②）、③の写真のように蛍光灯の下だと、逆に青紫がはっきり発色してくる。
色の中でも特に紫は透過する光の種類で色のニュアンスが変わってくる。

光の三原色

髪って、黒髪やダークトーンだとつやつやに見えるよね！？ ハイトーンだと柔らかく見える。
これって、髪は暗いと光を遮断して反射させるからつやつやに見えるだけなんだけど、ハイトーンだと光を透過させるんだ。
この光の透過がポイントで、通常カラーリングは、色の三原色を基本に考えるんだけど、ハイトーンになると光の三原色も加味されると僕は思っているんだ。
ただ、僕は科学者じゃないから、この光の三原色がどれぐらい加味されるか、具体的な数値まではわからないけど、なんとなく感覚でそうではないかと。
例えばハイトーンの水色を作るには、青と緑と紫が必要で、色の三原色だと緑はいらないんだけど、光の三原色だと青と緑で水色になることから、微量の緑も必要となってくる。
光の三原色だと青と黄色が同じ割合で混ざると白になるんだけど、ハイトーンでも紫シャンプーの青みが残ってる状態とアンダーのペールイエローが残ってるときに同じ割合なら真っ白になるよね。
髪の白ってどこが正解なのか僕はまだ研究中なんだけど。
色の三原色だけだと通じない部分もあるから、光の三原色のこともほんの少し知っておいた方がいいと思います。

カラー塗布と仕上がり

綺麗にチップを取って塗るより、ざっくりと塗った方が可愛いなとか、色んな塗り方を試してみたりしている。
ベースブリーチが綺麗ならどんな風に塗っても可愛いは作れると思う。

jooji ブリーチワークショップから学んだこと

2017年4月に最初で最後になったjoojiによるブリーチワークショップ。
ブリーチだけでなく、オンカラーや塩基性カラーについての座学と実習を
月1回、計3回のコースで展開し、月曜コースと日曜コースの2コース、
各15名定員の少人数制で行った。
ここではブリーチワークショップ受講者の声を紹介する。

アンケート

1 ブリーチワークショップへ参加されたいきさつは？
2 ワークショップを受講してみて、ブリーチ施術等で何か気付かされたことはありますか？
3 受講前と受講後で施術等に何かしらの変化はありましたか？
4 ワークショップ中で、joojiが発した言葉で印象に残っているものは？
5 joojiから教わったことで、現在サロンワーク等において、
　活かされていることはありますか？
6 joojiの理論を踏まえて、進化させた施術内容等はありますか？
7 受講してみて、joojiのブリーチオンカラー理論はどうでしたか？
8 あなたにとってjoojiとはどのような存在ですか？
9 joojiの理論で伝えていきたいことはありますか？

廣瀬 玲雄
BAMBINI 店長（美容歴13年）

1 塩基性カラーの技術を学びたいと思っていた所、ジョージさんのインスタを見つけワークショップの募集をしていたので参加させて頂きました。
2 受講後のベーストーンの大切さ。
3 ブリーチに対する考え方が変わりました。受講後は、狙った色を出す為にベーストーンをコントロールするようになりました。
4「今までは自分の技術を磨くのに1番時間を使ってきたが、ワークショップをはじめて、技術、知識を共有しみんなで成長していくのが楽しい」。と嬉しそうに笑顔で言ってた事が心に残っています。
5 ブリーチのベーストーンの作り方や塩基性カラーのデザインの作り方に活かされています。
6 ブリーチの使い方、塗り方、考え方、塩基性カラーの使い方などワークショップに参加させて頂けたおかげで全て進化させる事ができました。
7 理論、実技共に学べたのでとてもわかりやすく勉強になりました。
8 ジョージさんの存在はカラーの神様です。
9 ジョージさんのワークショップで学んだ事、全てです。

美容師と音楽とアウトドア。

千葉 愛
盛岡市『Arrows』stylist

1 ブリーチカラーをもっと知りたいと思い、SNSで検索したところjoojiさんにヒット。そのタイミングでワークショップが開催されることを知り、店のスタッフ全員で参加しました。
2 改めて、ブリーチは奥が深いと感じました。なるべくダメージさせずに綺麗な色を出すための1%の薬剤や0.5レベルのリフト力へのこだわりが凄いと思いました。
3 joojiさんに教わってから迷いなく、思い切りブリーチを塗ることができるようになりました。
4「たくさんやれば、楽しくなってくるから、怖がらず、楽しんでブリーチをしてほしい」「リアルサロンワークでクリエションがしたい」「毎日クリエーションがしたい」
5 とにかく、かわいい子を作ろうという想いでカラーを施術すること。
6 進化といったらまだまだですが、少しずつ自分のイメージしたブリーチカラーを作ることが出来るようになってきたと思います。
7 とても細かいし、深いけども、それをとてもわかりやすく教えてくれる理論。
8 ブリーチの救世主
9 カラーを綺麗に出すには、ベースのブリーチを綺麗に抜いてイメージしたカラーを作ることが大事だということを伝えていきたいです。

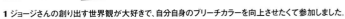
東京都都内でカラーリストをしています。kawaii世界観が大好きです。

佐藤 真里

1 ジョージさんの創り出す世界観が大好きで、自分自身のブリーチカラーを向上させたくて参加しました。
2 希望の色に対してのブリーチレベルの見極めの甘さに気づかされました。
3 ワークショップの受講により、よりムラなくブリーチベースを整えることができるようになりました。
4 18レベルから世界は変わる。
5 塩基性カラーを使ったデザインで、アンダーに応じた色の調合方法は、joojiさんに教えていただいたやり方を参考にしています。やはり、色落ちも綺麗です！
6 jooji理論に触れることで、自分の中で大きく変わったのはブリーチのベース作りとアンダーの見極めです。
7 joojiさんの理論は、ブリーチレベルを0.5レベル刻みで見極め、それに光と色の三原色を応用していく、しっかりとした理論だと思います。
8 今までもこれからも憧れの方です！
9 ブリーチは難しい技術ではありますが、それ以上に楽しいということを伝えていきたいと思います。

東京都内のサロンでカラーリストを経て、別のサロンで美容師としてサロンワークしています。

坂上 岳
Batta

1 後輩にjoojiさんの存在とjoojiさんの講習があることを教えてもらい、ブリーチワークやハイトーンのカラーに興味があったので迷わず参加しました。
2 ブリーチのタイムコントロールがすごいと思いました。圧倒的な経験値から全てをコントロールしているという印象を受け、自分がいかにアバウトにタイムを入れていたかに気づかされました。
3 ワークショップでは具体的なレシピの考え方も教えていただき、その当時ホワイトヘアのオーダーが増えてきていた時期だったので、ホワイトやハイトーンカラーでのレシピはjooji流になりました。勿論狙った色が出せるようになりました。
4 18レベルから世界は変わる!!
5 アンダーレベルの見極めは、joojiさんの講習以降、よりしっかりとできるようになりました。
6 アンダーレベルの理解はもちろんのこと、そこからブリーチでのベース作りは全く別物といえるくらい進化しました。アンダーを見極める力がついたと思います。
7 曖昧に伝えられることが多いブリーチオンカラーの知識について、joojiさんはしっかりと経験に基づいて理論化されていたので、分かりやすかったです。
8 ブリーチカラーの父
9 18レベルから世界は変わる！ 17、18、19レベルのアンダーの理解。

民部田 まどか

1 私自身、ブリーチ技術を上手くなりたいという思いからJoojiさんのインスタをずっと見ていました。そこで実際にワークショップをやられると言う事で、ぜひ間近で技術を学びたいと思い参加しました。
2 毛質やアンダーベースを見極めて塗るブリーチ手順やマニックパニックの調合、計算によるブリーチコントロール方法など、ワークショップに参加することで知ることができました。
3 ワークショップの受講により、ブリーチベースの作り方についての理解が深まりました。
4 色に対して、「可愛い」と言っていた事が印象深いです。カラーが好きで、可愛いのが本当に好きだからこその言葉だと思います。
5 joojiさんに教わったブリーチベースの作り方や、マニックパニックの調合レシピなどは、今でもサロンワークに活かしています。
7 学ぶことが多かったですね。繊細なブリーチ技術を教えて頂きました。
8 ブリーチカラーの楽しさを教えてもらいました。ワクワクする様なカラーを作り出すjoojiさんはまさにカラーの魔術師だと思います。カラーが好きになったのもjoojiさんのお陰です。
9 技術はもちろんですが、カラーに対する愛みたいなものも伝えていきたいと思います。

カタイシ マイ
BASSA（バサ）高田馬場店勤務

1 ジョージさんのインスタでブリーチワークショップのお知らせを見つけてすぐ応募しました。
2 ジョージさんの説明が分かりやすくて、自分が今までブリーチに対して感じていたハードルが低くなりました。
3 ワークショップ受講後、ジョージさんに教わった通りにブリーチを塗布する順番を変えてみたところ、上手くいくことが増えました。
5 jooji理論の塗布の仕方や順番は、ずっとワークショップで教えて頂いたやり方でやっています。
7 ジョージさんの理論は分かりやすいと思います。
8 SNSで見つけてワークショップを受けさせて頂いただけなのですが、その数回だけでも技術を出し惜しみしない優しい方だなと感じました。
9 まだまだ自分自身、しっかり落とし込めていない部分も多いので、まずはしっかり勉強しなおしたいと思います。

山本 夏広
HAIR MAKE EARTH神楽坂店

1 元々joojiさんのインスタをフォローしており、ワークショップが開催される事を知って、さらなる技術向上の為に参加しました。
2 希望色に対しての必要なブリーチレベルの認識が甘かったという事に気づかされました。
3 デザインカラーをする時にホイルを使う事が少なくなりました。
4 ブリーチの未来は明るい！
5 しっかり毛髪診断をすること、およびブリーチの反応をしっかり見ること。
6 同じ色味のカラー材でも退色の仕方には差があるのを自分で調べて、状況に応じて使い分けるようにしています。
7 ブリーチにおいて自分の経験を元に理論的に考えつつ、デザインに関しては自由奔放な部分にも魅了されました。
8 今の自分自身のブリーチ技術の基礎を教えてくれた師匠のような存在です。
9 もうすこし経験を積んだ上で、さらに下の世代に技術を継承していきたいと思います。

田中 萌子
hair salon dot.tokyo stylist

1 ジョージさんが代官山でやっていた時からカラーを学びたいと思い、お客さんとして通っていました。こだわりを話してもらう中で、直接自分の技術を見てほしいと思ったからです。
2 ブリーチベースの見極め。18レベル以上の作り方。ブリーチにトリートメントを混ぜてのダメージコントロール。
3 カラーが絵具のように感じられ、絵を描くような楽しい感覚になれました。今までできなかったパステルカラーを作れるようになりました。
4 キラキラした顔で「ブリーチカラーが楽しい!!」「これからは18レベル以上の世界だ」と言っていたのが印象的でした。
5 塩基性を使った淡目のカラーをする時のベース作り。
6 理論を理解した上での、自分のオリジナリティのあるニュアンスでのかわいいと思うデザインや、調色。ダメージレベルを見極めたダメージレスな塗布の仕方など。
7 「なんで？」の答えを沢山知ることができた時間でした。理論があるからこそ、そこからいろんなデザインが生まれるんだなと感じました。
8 可愛くさせたいという想い、カラーに対する愛が誰よりも強い、優しい魔法使い＾＾わたしにカラーの興味を持たせてくれた人。
9 大切なのは使うカラー剤ではなく、どんなカラー剤でも使いこなす知識を身につける努力なんだと思います。

石田 裕治
PLUS 緑オーナー

1 SNSでワークショップの告知を見かけたのがきっかけです。
2 とことんやってみないと分からない、ということに気づかされました。
3 ブリーチに対する怖さが少なくなり、お客様にきちんとダメージなどの説明ができるようになりました。また、放置する時間も必要だということを知り、必要に応じてしっかりと放置時間をとれるようになりました。
4 18.5レベルの世界は0.5刻みで全く変わりますよ
5 ブリーチのおいブリーチ（再塗布）です。
6 jooji理論を知ることでダブルカラーについての技術が進化しました。
7 ブリーチという苦手な分野にトライするきっかけができ、自分のベースになりました。
8 苦手な分野に導いてくれた人。
9 18.5レベルの世界を伝えていきたいです。

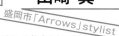

Minako
トップスタイリスト/カラーリスト

1 ジョージさんのことはワークショップの前から知っていて、ジョージさんの作るカラーが可愛くて好きでした。自分のブリーチされている顧客様に対して、もっとレベルの高い技術を提供する必要性を感じていた時、ちょうどワークショップの告知があったのですぐに応募しました。
2 オキシに対する考え方、0.5刻みで見るレベルスケールなど、全てにおいて理論がしっかりあるからわかりやすい！ それまで教えてきてもらったことがほとんど覆されたような気持ちでした。
3 このカラーにするならどんな施術をしていかないといけないか、髪の毛をどんな状態にすれば再現できるか、ということを、お客様に対してちゃんと説明できるようになりました。何よりも、ワークショップ以降、ブリーチを含む施術をされるお客様が格段に多くなりました！
4 ジョージさんは時代背景のことをよく話してくれました。あの時既に東京オリンピック後のことも話していたくらい、先のことを見据えていたのが印象的です。初回のワークショップで『無理難題を言うお客様もいるけど、言い訳をせずに出来る限り努力して希望を叶えたい』と言っていたのが、すごいなと思いました。
5 ブリーチリタッチの仕方、塗布順、色作り、髪の毛の見極め方など…根幹は全てジョージさんに教えていただいたことがベースになっています。
6 受講前は、18レベル以上の領域までブリーチをすることが出来なかったのですが、受講後から作れるようになり、ホワイトカラーも作れるようになりました！
7 ジョージさんの理論は最初は難しそうに感じるけど、実はすごくわかりやすい理論です。目の前のお客様を可愛くしたい！ というジョージさんの想いと、美容師という仕事が大好きなことを感じました。
8 何でも叶えてしまう魔法使いのような存在。ジョージさんのおかげで私の美容師人生が何倍も楽しくなりました！この先もずっとブリーチの師匠だと思っています。
9 一人の人に長くヘアカラーを楽しんでもらうための、髪の毛のことを考えたブリーチ理論。

山崎 真
盛岡市「Arrows」stylist

1 地方都市である盛岡で、他店と差別化した提案を学ぶ為。
2 アンダーを削ることの重要性。
3 アンダーに対しての薬剤選定が明確になった。
4 特定の言葉というより、常に前向きで、否定的なことは決して話さず、心の底からこの仕事を楽しんでいるのが伝わってくるのが印象的です。
5 常にアップデートはしていますが、理論や特にマニックパニックの活用に関しては未だに強く影響を受けています。
6 マニックパニックやカラーバター施術における、色味のコントロール。
7 一言で言うと、最高でした。
8 今でこそ色々な人がブリーチの理論を発表していますが、joojiさんは先駆けだったように感じています。自分にとっても、きっかけを作ってくれた師だと思っています。
9 理論や理屈よりも、興味を持ち、好きになり、楽しんで、学びたくなるようなカラーを後輩達に伝えていきたいです。その為にも自分自身は今、とても楽しんで仕事をしています。joojiさんのように。

教えて jooji さん！

インスタグラムやダイレクトメールで送られてくる
ブリーチオンカラーに関する質問にも、
時間が許す限り返答をしていたjooji。ここでは、その一部を紹介する。

ブリーチ毛のスーパーロングのお客様に自宅でのケアを色々とご提案させていただいているんですが、joojiさんはブリーチ毛のお客様にどのシャンプーを一番お勧めしていますか？

僕個人的には、MUCOTA（ムコタ）は大好きなメーカーで溺愛していて、顧客様に最もお勧めしているメーカーです。なかでも、アデューラアイレ10のリピート率は高く、次にアイレデューンEXトリートメントのリピート率が高いです。
ただ、シャンプーについては、泡立ちの問題でリピートされない方も多いと思います。
ご自宅でアデューラアイレ02（以下「02」）またはアイレデューンEXシャンプー（以下「デューン」）を使ってもらう場合、基本的には2シャンしてもらう前提で、1シャン目はコスパの優れたカラー用シャンプー003のforC.を使ってもらい、02やデューンを2回目に使ってもらうのが、ブリーチ毛の女性に満足していただける使い方かと思います。
他に、リトル・サイエンティストのトイトイトーイ（以下「トイトイ」）をデューンや02と交互に使う方法で、週の半分をトイトイで、後の半分はデューンや02で洗ってもらう方法もお勧めしています。活性剤の種類が変わると手触りも変わるので、お互いのシャンプーのよさを実感できるかと思います。最も効果を感じていただけるのがシャンプーは003のforC.で、洗い流さないトリートメントに力を入れた方がブリーチ毛の方はストレスなく過ごせるかと思いますね。
ブリーチ毛には、特に水と油が必要で、夜洗うのであれば、夜は水分補給に徹して、朝に油で水分を封じ込めるという方法です。
この方法において最も力を発揮すると思うのが、リトル・サイエンティストのベータレイヤーミストで水分補給をして、アデューラアイレ10を中間から毛先に使用、朝に再度同じことをした後、ハホニコの十六油の洗い流さないオイルトリートメントで封じ込めるという方法。価格はあがりますがモロッカンオイルもいいですね。洗い流すトリートメントは、ムコタ デューンが、匂い、コスパ、効果ともに最もブリーチ毛に適したトリートメントと思うので、僕の場合、洗い流すトリートメントは、デューン一択です。
いろいろ書きましたが、本当は僕に聞くよりも、使ってもらってる方に感想を聞き、願望や要望、ダメージ状態を考え、日々改善して勉強や研究していくのがいいかなーと思います。
ムコタ、リトル・サイエンティスト、ハホニコ、ディアテック、ブライが特にトリートメントや処理剤、シャンプーなど、ダメージ毛対策に特化したメーカーで信頼できるので、あれこれ試してください。では、頑張って！

どこのブリーチ剤を使っていますか？

極端な例で、ブリーチ剤をパーマ液に例えるとチオグリコール酸になるんだけど、綺麗なパーマがあたっていたとして、「どこのチオグリコール酸使ったんですか!?」ってあんまり聞かないですよね。その場合、ワインディングが重要で、どう巻いたかが鍵になるのは想像がつくと思います。
ブリーチもそう。塗布ってかなり重要で、ワインディング練習をするぐらいの量を、カラー塗布の練習にあてたら、相当上手くなるし、綺麗にブリーチできるようになるんだけどね。
塗布テクニック下手な美容師さん多いよね。理にかなった塗り方をしてる人が本当に少ないんだけど。なのでアンダーレベルを見極められる目と、きちんと塗り分けられる塗布テクニックさえあれば、どこのブリーチ剤を使おうと結果に大差はないと思います。カラーやブリーチが上手くなりたければ、塗布の仕方を練習すればいいし、アンダーレベルをきちんと見極められるように訓練をすればいいと思いますね。

ブリーチ剤は毛髪に合わせて使い分けていますか？

使い分けているけど、その効果が出るのは19レベルあたりなので、18レベルまでだと、正直、どこのメーカーのブリーチ剤でも、さほど変わらないですよ。

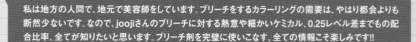

私は地方の人間で、地元で美容師をしています。ブリーチをするカラーリングの需要は、やはり都会よりも断然少ないです。なので、joojiさんのブリーチに対する熱意や細かいケミカル、0.25レベル差までもの配合比率、全てが知りたいと思います。ブリーチ剤を完璧に使いこなす、全ての情報こそ楽しみです!!

絶対数はそうなんだけど、都会であっても来ないとこは全く来ないわけだから、地方でもやり方次第ですよ！
13とか14レベルのカラー剤を使って、ちまちまリフトアップしていくより、さっと14あたりにブリーチして8とか10レベルでのダブルカラーをした方が、よっぽど髪は傷まないと思ってるから。ただし、ブリーチは塗布後、乾燥させないことと、残存カラーでの化学反応の発熱、水分流出が最も傷むから、発熱したら温度が上がりすぎないようにする工夫が必要。あと、きみのInstagram見たけど、ブリーチonカラーの傾向として、毛先だけ薬剤を吸い込んでいて、トーンが落ちているから、毛先だけ時間差で最後に塗るか、毛先の方だけクリア剤を少し混ぜたら、もっと可愛く綺麗になるから！頑張って！でも、Instagram見たら仕事が好きなんだな、ってとっても伝わってきたから きみならできるよ。ふぁいと。

Sugi Voice

店長（jooji）は、自分が深夜まで苦労して研究して、やっと探り当てた美容理論も努力するスタッフには惜しみなく与えてくれました。スタッフだけでなく、美容技術を共感出来る人達に教えてしまうのも、店長ならではの持論だったんだと思います。
レッスンは厳しかったけど、それが私たちの力になったし技術にもなりました。今、思えばありがたいことだけど、当時は置いてきぼりにならないよう、全員が必死に店長にしがみついて習っていました。
営業前も営業後も、みんなで店長を追いかけていたんだと思います。いまもなお、「なんでそんな早く死んでしまったのか!?まだ近づけてないのに。まだ教えてもらいたいことは沢山あったのに」と悔やまれてなりません。

VR color

ヴァーチャルリアリティカラー。
2015年〜2016年にjoojiが精力的に取り組んできた技法のひとつで、
アルカリカラーの中にマニパニなどの塩基性カラーによるメッシュやハイライト、
ローライトを入れ、近未来感を表現しようとした。

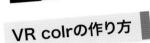

VR colrの作り方

2015年8月5日Twitterでvr colorのサロンワークのリアルタイム実況解説を行ったjooji。
その際にゲストがまとめたノートを基に、オンカラーの施術を紹介。
なお、今回のカラーはアルカリカラーの代わりにHC染料を使用している。

【ベースカラー】 ➡

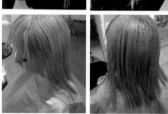

根元にピンクを滲ませるため、イリ
ヤコスメティクス　ビジュアルカ
ラー　デコレ　ピンクインパクト　7
gをトリートメント希釈したものを
塗布。写真上：根元塗布後のもの
（塗布時間3分強）
写真下：シャンプー後のもの。

【デザインカラー（マニパニ）】

上はピンクのイメージで、下は
寒色系を多めに入れていくた
め、上下5つにブロッキング。

一番下のセクションを
塗った状態

下から二番目の
セクションの
ブロッキングと塗布後

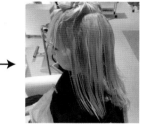

下から三番目のセクションの
ブロッキングと塗布後

下から四番目のセクションを
塗った後の状態

一番上のセクション塗布後

前髪は3段階にわけて塗布

ドライ後の状態

大阪時代のjoojiについて

KARIN

KARIN
兵庫県出身。関西美容専門学校卒業。兵庫県内の1店舗を経て、2009年gris☆(グリ)に入社。4年半勤めた後1店舗を経て、自身のサロン「Beni-..」をオープン。jooji直伝のブリーチテクニックを駆使し、サロンワークはほぼブリーチ客。

― まず最初にjoojiとの出会いについて教えて下さい。

杉奈穂子(杉) 私がjoojiさんと出会ったのは20年位前のこと。joojiさんが独立し開業された店の初の新卒採用が私でした。あの頃のjoojiさんはまだ若くて、目がギラギラしてて、根は優しいのだけど、目が怖い(笑)、そんな印象でしたね。

KARIN 私はgris☆を作る前に、mixiに連絡がきて、スタッフにならないかと言われました。ちょうどその時、刺激が欲しくて大阪で働きたいと思っていたので、とりあえず話だけでも聞いてみようかな、というのが最初の出会いです。実際に会ったら、杉さんが言うてたみたいに、目がギラギラしてて(笑)。でも、joojiが描いてるお店(後のgris☆)の構想が刺激的で、話を聞いているうちに「この人とお店をしたら面白そう」、「今いる場所から引っ張り上げてくれるんじゃないかな」って思ったので、一緒にお店をすることにしました。

杉 その頃も金髪だった?

KARIN 最初は金髪に帽子。その後「ジョージになる!」って言って、青い髪にしてました(笑)

杉 ジョージになるって?

KARIN パラダイスキッスっていう漫画にでてくるジョージ(笑)。パラキスみたいな世界観をgris☆で作ろうと思っていて、実際にも女の子しか来ない、メルヘンな世界観を打ち出していたので、gris☆には、独特な子、個性的な子たちばかりがお客さんとして来ていたんですよ。私もお洒落が大好きで、だから誘ってくれたのかもしれないんですけど、お客さんたちに影響されて、今以上にぶっ飛んでいたんですよ(笑)

南佳太(南) 「KARINちゃんがいてないとgris☆じゃない」ってjoojiさんが言うてましたからね。gris☆という世界観が決まっていて、joojiさんは魔法使いっていう設定で、マスコットがKARINちゃん。ヘアカラーがころころ変わって、ぶっ飛んでいた(笑)

― gris☆は最初からブリーチ専門店でした?

KARIN いえ。もともとはブリーチ専門店として開いたわけではなくて、女の子がしたいっていうことを叶えて

あげるお店がgris☆。ただgris☆のお客さんは個性的な子が多かったから、自然とブリーチやハイトーン、カラフルな髪形をしたいっていう女の子たちのリクエストに応えるうちに、ブリーチ専門店みたいになった感じです。

南 「関西ガールズスタイル」っていう雑誌があったんですけど、そこにgris☆を出店するって時に作っていたスタイルが、ガーリーなふわふわの可愛い女の子。だからブリーチで攻め攻めにするっていうよりは、可愛い女の子を作っているっていう感じでしたね。

KARIN そうです。女の子の可愛いを引きだしてあげるのが、gris☆の基本なんです。

― 南さんの出会いは?

南 僕の中で一番びっくりしたエピソードなんですけど(笑)。ある日、電話がかかってきて、「そちらって面貸しみたいなことされていますか?」って言われて、「やってるといえばやってますよ」と返すと、「一回、見学させてもらってもいいですか?」「いいですよ」で電話を切ったんですが、問い合わせなのに、なんか僕が仕事をもらっているような感じで話をされて(笑)。「なんか変わった人が来るで、これは」って思ってたら、その翌日にjoojiさんが来て、金髪で角刈りぐらいの頭で、服装は真っ黒、「えらい人来てもうたわ」って感じでした(笑)。その時、僕はカットしていたんで、当時、店を手伝ってくれていた嫁が応対してくれたんですけど、うちの嫁さん、まあまあハードな人なんで、どんな人とでもちゃんと対応できるんですけど。そんな嫁さんが紙に「私(この人の相手するの)無理やわ」って書いて持って来て(笑)。それがびっくりエピソードの一個目です。

杉 (笑)まだびっくりエピソードが?

南 そう。その後、話をしようとソファーに座ったjoojiさんは、最初、店の中をきょろきょろ見渡していたと思ったら、「うん、いい店やね」って上から(笑)。歳そんな変わらないのに上からの来方が10歳ぐらい上からなんですよ(笑)。「どれぐらい、この店やってるの?」ってまるで僕が面接されているみたいに(笑)。なんか独り言みたいなこと言ってから「うーん、いいかもしれへんな」(笑)。joojiさん、わりとはっきり物言うところあるでしょう。そのときも「今僕が行っている店ははっきり言って嫌いなんですよ」って。その後に「僕はこの店気に入ったな」「この感じやな」って(笑)。面貸しにあたっての条件とかを話してたら、joojiさんの方から「ここに決めようかな」って(笑)、「えっ僕が決めるんちゃうん?」って(爆笑)。そんな感じで、僕の店をjoojiさんに面貸しすることになりました(笑)。

― 当時、joojiはどうやって集客していたんですか?

南 7～8割はmixiで集客してましたよ。面貸しなので一人で仕事をするのが基本。なのにめちゃくちゃ予約入れてるんですよ(笑)。そのとき、うち4席しかなかったんですけど、最初は1席、次第にjoojiさんが2席使うようになって(笑)。回さないといけないから、とにかく早い仕事が。

杉 私は美容専門学校を出て、すぐにjoojiさんの下で働くようになったからjoojiさんの仕事のペースが当たり前になりすぎて、他の人と仕事をするようになってから、周りの仕事のペースの遅さに驚いたぐらいです。joojiさんは仕事が早かった。的確だし、綺麗だし、雑にやっているように見えるけど、無駄な動きがないから早い。

KARIN joojiの中で「いかに早く、綺麗に施術するか」がポイントなので、めちゃくちゃ早いんです。おかげで私もめちゃくちゃ早く育ちました(笑)。gris☆では、joojiと私の2人で、8人くらいのお客さんを同時に施術していたりしたので、塗るのを早くしないと店が回らない。私はひたすらシャンプーして、塗って、シャンプーして、みたいな感じでしたね。席は2つしかないんだけど。

南 お客さんがフロントとかに並んでいる(笑)

KARIN そうです(笑)

南 店の置物のトランクとかにみんなが座っている(笑)

KARIN バックヤードにある小さな椅子を出してきて座ってもらったり。みんなが協力してくれていたので成り立っていましたね。

― KARINさんはブリーチの理論みたいなものをjoojiから教えてもらったりしていたんですか?

KARIN 理論とかはjoojiには教えてもらっていなくて、ほんまに技術だけを叩き込まれましたね。joojiのホームページ(http://jooji99.com/colortheory)に書いていることを、そのまま口頭で指示されてお客さんに施術していくっていう感じでした。gris☆は学生のお客さんも多かったから、いかに安く、ダメージをさせずに綺麗な色を出せるか、ってことを常に考えていましたね。

南 ブリーチの技術のことをよく言われるけど、joojiさんはもともとケミカルの知識をしっかり勉強しているんですよね。よくオリジナルでパーマ液を作っていましたね。

杉 何でも混ぜる(笑)

南 でも、それってちゃんと頭の中でケミカルの知識を把握できているからなんです。施術中に思い浮かんだものではなくて、ちゃんと勉強した理論をアウトプットし

南佳太(Dollhair)
心斎橋で10年間勤務後、2006年、心斎橋にDollhairをオープン。2014年、23坪から60坪にリニューアルオープン。美容アカデミーSSA(サクロ サイエンティ)2014年卒。髪の毛をダメージさせない薬剤知識と確かな技術、カラー率80%超の心斎橋エリアリーディングサロン。日本だけでなく中国やアメリカでもセミナーを開催。2017年、2018年、JHA(日本ヘアドレッシングアワーズ)ライジングスター&近畿エリアノミネート。2018年、アメリカンロングビーチにて、セミナーを開催。2018年、シュワルツコフ「ファイバープレックス」公式アンバサダー。Dollhairは2009年にjoojiが在籍していたサロンでもある。

NAMI

ている感じでしたね。だからこそ、ダメージが低く、ブリーチをするってことが可能だったんやろうなって思います。

KARIN 日々ネットで調べまくって、思い立ったらそれをやるって感じでした。トリートメントとかも、三浴式とか、そのまま使うんじゃなくて、いろんなメーカーさんのを合わせて、究極のトリートメントを作ってお客さんに施術していたから、今思うとむちゃくちゃコストかかっていましたね。

— ケミカルに関する知識があったからこそその技術だったわけですね。

KARIN そうですね。gris☆はブリーチ毛のお客さんしか来なくて、でも中には「パーマがしたい」っていうお客さんもいるんですよね。joojiがすれば、ブリーチ毛でも綺麗にクルクルとパーマがかかる。ケミカルや施術とか全部頭の中で考えていて、ほんま凄いなって思うくらい、処理剤のことも考えて。パーマの匂いをとるのにイソジンかけていましたし。

南 僕の時はヘマチン。

KARIN イソジンを水で薄めるんです。いかにお金をかけず、痛くなく、いいものを作れるか、そればかりjoojiは考えてましたね。一番衝撃的だったのが、金髪の大きなアフロの女の子が、「どこに行ってもやってくれへん。ほんまは可愛くなりたいのに可愛くならへんって」って言うてgris☆に来てくれたんです。シャンプーボールが全部

アフロで埋まるくらい大きなアフロ（笑）。それがトリマーみたいにざくざく切られて、ブリーチして、その後普通に塗ってもカラー入らないから、シャンプー台でわぁーってカラーして。ちびアフロになって、むっちゃ可愛くなったんですよ。施術工程の全てが、パフォーマンスでした。

南 陶芸家みたいなんでよ（笑）。ブァーって手でカラーをかき混ぜていく感じが（笑）

— どんな美容師さんでしたか？

杉 自分の技術とか持っているものを凄いなって言われるのは好きだけど、肩書とかにこだわる人ではなかった。感覚で仕事をしているように見えるけど、カラーの理論や資料を遺していたことを知ってやっぱりなって思いました。創造と破壊というのが昔から好きだったから、作って作って作りこんで、そして達成した時点で、全てドーンと壊してしまって、新しいフィールドを作っていくことを積み重ねるうちカットが終わり、パーマが終わってカラーにたどり着いたんだと思います。流行っていたからというより、根本的にカラーが好きなんですよ。昔、黒人のお客さんに「白くブリーチして」と言われて、何回やっても白く抜けなかったことがあります。その日以来、毛束使ってブリーチしたり、いろんなものをブリーチし出して。問題点を一つ見つけたら究極に極めようとする、そういう美容師さんでしたね。

KARIN 「見てやって覚えろ」みたいな、昔気質で「俺もそうしてきた、習ってない」ってよく言ってましたね。

杉 そう。「俺らが努力して研究してきたことを自分らは一瞬で教えるんやから、本来なら俺を越えなあかんねんで」って言われて技術を教わっていました。joojiさんは知っていることは何でも教えてくれました。

南 面貸ししてる時もそうだったから、joojiさんに面貸しした店は全部ハイトーンが強くなっていますね。

杉 奈穂子
岡山県出身。高津アドヴァンストビューティー専門学校卒業後、joojiの元で5年間の修行時代を過ごす。その間、ロレアル全国大会優勝を始め、ミルボン「シルバー賞」、新美容出版「新美容出版賞」、オークボ「アーティスト部門優勝」などコンクールでの入賞多数。
2012年に独立し「hair&relaxation春」（大阪市生野区）をオープン。
joojiの教えを守り、「奇を衒うのではなく、どれだけ似合わせたカワイイを手早く、美しく作れるか」をモットーに日々サロンワークに勤しむ。

grisって美容室は本当に面白かったな。
僕は本当に魔法使いだったし、
女の子はみんな幻想的だった。

私にとっての魔法
なりたいになれる場所
（ちびんぬ）

田舎でくすぶっていた私にとって夢のような空間。全部真っ赤で正面にはバラの絵。落ち着くはずのない空間になぜか心地よさがあったのは、KARINさんのふんわりとした存在があったからかもしれません。grisに出会わなければ今の私はなかったと言える程の場所でした。

ゴチャゴチャした街に有る魔法の館（笑）決して広い空間では無いし、人は常にパンパンに居ていたけど、イヤな空気はなく、いつもキラキラした空間で私にとっては何とも言えない時間を過ごせる場所でした（辻村）

かけがえのない場所。
アパレル時代の私に自信と勇気を与えてくれた美容室。
言葉にしてもしきれないほど、思い出が沢山ある場所です。最高の美容室!（Q）

joojiさんを含めてスタッフは2、3人しかいないのに、お店はいつも女の子でいっぱい。自分が可愛くなる楽しみはもちろんあったけど、隣でカラーしている女の子がどんな風に魔法にかけられるかを見るのがすごく楽しかった。
grisの世界観で溢れたあの空間は、私をいつも笑顔にしてくれるステキで大好きな場所の1つです。（ayu）

理想より、理想を叶えてくれる場所。ドアをあけるだけでドキドキする場所。（あられ）

自分の好きを、可愛いを、貫く女の子たちが集まる場所。（erika）

宝箱。素敵な空間でした。あとにも先にもあの素敵で怪しい空間は作れないんじゃないかなってくらい大切な場所でした。もっと行きたかったです。（ayumi）

ブリーチ理論アドバンス

ハイトーン

18Level
ペールイエローと呼ばれる領域

18.5Level
ほぼどんな色でも
表現が可能となるのが18.5レベル

19Level
ハイトーンを最も快適に維持できるの
が19レベル。
淡いパステルを表現するには19レベル
（厳密には19.25レベル）が必要だ。

19.5Level
リアルホワイトを表現するのに必要な
アンダーは19.5レベル

ハイトーンカラーの注意点

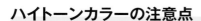

ハイトーンカラーはブラウンカラーとは異なり、曖昧な部分が全て色として出
てしまうが、色に対する理解さえ深めれば、簡単に作ることができる。
ハイトーンカラーで難しいのは
①ベースブリーチを如何に均一にできるか
②ダメージへのアプローチはどうするか
③黒染めやブラウンカラーなどの残留染料へのアプローチをどうするか
という３点だけなので、色に関しては全てデータや理論に基づいて作ることが
できるということ。難しくするのはいつだって自分自身だということを忘れない
でほしい。

jooji 豆知識

初めて19レベルを越えるブリーチをする方には、マニックパニックなどの塩基
性カラーのみで明るさを揃えるのは至難の技なので、一度アルカリカラーで
根元から毛先までの明るさを揃えた方がよい。

①ベースブリーチを 均一に行う	→	塗布手順をマスターする（P74）
		濁りや残留ティントを見極める（P77）
		ベースにむらがあるときはアルカリカラーで補正する（P99）
②ダメージへの アプローチ	→	髪が千切れる要因を知る（P76）
		既染部のブリーチではアンダーに応じた 放置時間を見極める（P76）
		毛髪強化系の処理剤の使用方法をマスターする（P88）
		ダメージを低減する「ひと手間」を工夫する（P81）
③黒染め・ダークトーンの 残留染料へのアプローチ	→	黒染め・ダークトーン時に新生部だった部分から先に 塗布するなど塗布手順を工夫する（P79）
		ブリーチが上がらないときはアルカリカラーで +1レベル明るく見せる（P101）

を極める

ハイトーンだけが全てではない。

ブリーチレベルの設定

ブリーチレベルは、もちろん仕上がりの色を重視して決めるが、それだけでなく退色スピードや、退色後の色落ちまでをも見越してブリーチレベルをどこに設定するかを決定していく必要がある。

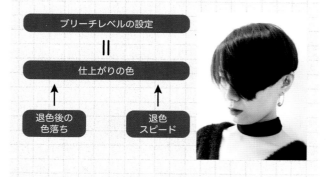

ブリーチレベルの設定

＝

仕上がりの色

↑　　　　　↑

退色後の色落ち　　　退色スピード

例えば右上の写真は、17.5レベルの甘めに均一にブリーチした後、5.5レベルのブルーの強いグレーのアルカリカラーを塗布したもの。

オーダーは、「普通すぎない暗めのグレーぽいカラー」。

この場合、18レベルまでブリーチをしてしまうと、退色のスピードが早くなるだけでなく、退色後に明るくなりすぎるため、オーダーにそぐわなくなる。

そこで、17.5レベルでブリーチした。

17.5レベルだと、彩度の高さは望めないが、安定した退色をするので、社会人の方でも髪色を注意されにくくなる。このように、何レベルにブリーチを設定するかは、仕上がりの色（オーダー）だけでなく、退色スピードや退色後の色落ちまで考慮して決定していくことになる。

ハイトーン時代を支える3種の神器

1.ファイバープレックス（シュワルツコフ プロフェッショナル）

２０１７年に入ってハイトーンの平均アンダーが上昇傾向で、ブリーチを売りにしているサロンでは19レベル前後までアンダートーンが上がってきている。19レベル領域は、操作性やブリーチの理解を踏まえていないと過度なダメージや、断毛といった髪が千切れる現象が起きがちだが、ファイバープレックスがあれば大丈夫だろう。だって本当に髪が切れなくなるんだから、とんでもなく画期的な商品で、きっとハイトーン時代を変えていくんだろうな。ファイバープレックスをいかに使いこなせるかが、これからのハイトーン時代の鍵の一つになるだろう。

2.スモーキー（マニックパニック）

いよいよ塩基性カラーもスモーキーの時代へ突入した。
僕のお客様で、一番要望が多かったのが「少しくすんだ感じ」のカラー。今までは一旦、アルカリカラーでくすめてから、マニックパニックをトリートメントで希釈したものを上から塗っていたんだけど、どうしてもマニックパニックを塗った一番表面の色はくすんでないので光沢が出てしまう。そこで、数回洗って中の色が見えてきたらよりくすんでいくみたいな方法をとっていたんだけど。これからは、このスモーキーでくすめることが出来るので、かなり色を作れる幅が広がるんだろうなと期待を込めて。

3.赤味やオレンジ味の出ないアッシュやグレーなど寒色に特化したアルカリカラー

欲をいえばオキシが12％ぐらいまで認可されれば、この上ない幸せを感じるんだろうけど。まぁ、それはないか（笑）。でも、もう少し残留染料を取り除ける脱染剤があればいいんだけどね。贅沢は言っていられないので、現状のアルカリカラーのアッシュやグレーの赤みのない寒色系だけでも十分。

この3つの商品があればハイトーン時代はきっと変えられるね！！そして、ブリーチのアンダーレベルをきちんと把握し表現できる人がたくさんたくさん増えればいいなと思っています。

①ファイバープレックス ボンド ブースター、②ファイバープレックス ボンド フィクサー（シュワルツコフ プロフェッショナル）

マニックパニック プロフェッショナル スモークスクリーン（マニックパニック）

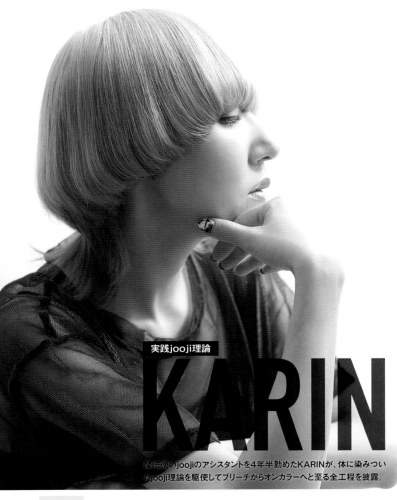

KARIN

魔法使いjoojiのアシスタントを4年半勤めたKARINが、体に染みついたjooji理論を駆使してブリーチからオンカラーへと至る全工程を披露。

fairy tale

■ 元の明度：新生部1センチ弱 5レベル／既染部17レベル
■ 目標明度：19レベル　◎仕上がり目安時間：3時間35分

Before

After

STEP1：問診

既染部自体に濁りはないが、自分で染めたピンクのカラー剤が残留しており、特に毛先に赤味が強く残っているのがわかる。

back to jooji theory

適切な塗布手順を組み立てるには、まず濁りや赤味のある部分とない部分をきっちりと見極める必要がある。問診ではカラー／ブリーチ履歴の聞き取りだけでなく、髪の一部を持ち上げ、光に透かせることで濁りや残留染料が残っていないかを確認すること。

STEP2：ブリーチ工程

根元新生部1センチへのブリーチリタッチを行うとともに、赤味の強い毛先、ピンク味が残る中間～毛先までをブリーチでなるべく均一に整え、アンダーのレベルを19レベルにもっていく。

back to jooji theory

放置時に体温以上の熱を与えるとダメージに直結しやすく、想定以上に抜けることもあることから、ラップによる自然放置がベスト。ラップの密着が甘いとブリーチの上りが悪くなるので、頭皮にピタッとラップをフィットさせること。

①根元新生部ブリーチリタッチ

根元は薄付け気味で、新生部と既染部のつなぎ目はしっかり目にブリーチ。ただし、既染毛にはなるべくブリーチ剤がつかないように、スライスの厚みは5ミリ以下で塗布すること。この時、新生部は1回の塗布で塗布むらがないように丁寧に塗布していく。
【根元新生部リタッチ：塗布時間20分】

②チェックリタッチ

チェックで新生部の塗布むらを完全になくすようにする。
【チェックリタッチ：塗布時間12分】

③毛先にブリーチ

根元リタッチをし終えたら、根元が15レベルまで上がってきてるので、続けて赤味が強かった毛先をブリーチする。

④放置

ラップで密閉して15分放置。

jooji直伝

ブリーチの塗布にさいしてコーミングをすることで、髪が空気に触れ、酸化が促進されるのでブリーチの上りがよくなります。黒染めなどの濁りが強いところによくjoojiがしていました。

⑤再塗布

中間～毛先にかけてピンク味の強い部分を再塗布。ピンク味の強いところはコーミングしながらブリーチ剤を重ねていく（根元は、上がってきているので今回は再塗布しない。なお、根元の上りが鈍い場合は再塗布するようにしよう）。

⑥放置

ラップ密閉で10分放置後、シャンプーに入る。【チェックリタッチから計算して50分経過】

ブリーチ剤とオキシ

【根元新生部】
アリミノ「ブリーチ120」＋オキシ「アジアンカラーデザインエクスパート」6％＝1:2.5
【毛先】
シュワルツコフ プロフェッショナル「ファイバープレックス パウダーブリーチ」＋オキシ（「ホーユー プロオキサイド」6％＋2％＝1:2）＝1:3
【再塗布（中間～毛先のピンク味の強いところ）】
シュワルツコフ プロフェッショナル「ファイバープレックス パウダーブリーチ」＋オキシ「ホーユー プロオキサイド」6％＝1:1.5

根元にはブリーチ力の強いものを。ダメージが伴っている毛先にはトリートメントが配合されたシュワルツコフブリーチ剤を。ダメージの具合でブリーチ剤とオキシの％を変えて施術しています。joojiもgris☆時代はダメージ状態によって、オキシ6％だと強すぎて、かといって2％だと弱すぎる場合、6％と2％のオキシを混ぜて、ほどよい％のオキシを調合していました（gris☆以降のjoojiは、髪がバサつくのを嫌ってオキシコントロールはしていない）。ちなみにgris☆時代にjoojiが愛用していたオキシは「アジアンカラーデザインエクスパート」でしたね。

back to jooji theory

根元新生部：放置時間は50分から70分で19レベルに到達する。

STEP3：ベースカラー工程

中間から毛先にかけてピンク味が残留しているので、ベースを均一に整えるためアルカリカラーを行う。

back to jooji theory

マニックパニックなどの塩基性カラーはアンダーの影響をもろに受けるため、ベースブリーチにムラがある場合は、一旦アルカリカラーでベースを整えてから、塩基性カラーを塗布する。

アルカリカラーでシルバーバイオレットを作る。
ホーユー プロマスター「A10/11」+「MT9/8」+「VA10/11」+「N10/10」を調合。
【調合手順】
①「A10/11」に対し「MT9/8」を5%加える。
②①に対して「VA10/11」を25%加える。
③②に対してN10/10を20%加える。

ハーフウエットの状態で、アルカリカラーを塗布。20分放置後、シャンプー。
【オンカラー塗布時間13分＋放置時間20分】
※ハーフウェットな状態：シャンプー後、タオルで取りきれるだけの水分を取りきった状態のこと

back to jooji theory

アルカリカラーは20分以上放置すること。

アルカリカラーの選択

back to jooji theory

アルカリカラーの調合で大切なことは、アンダーの状態から希望色（塩基性カラー）を塗った時に、「何が必要で、何が必要でないか」を考えながら、アルカリカラーを選定していくこと。

アルカリカラー	目的
A10/11	黄味を消すだけでなく、ベースカラーをブルーよりのバイオレットにしたかったのでA10/11をメインに選定。
MT9/8	モノトーン感とくすみをだしたかったため
VA10/11	紫味をだすため
N10/10	白味をだすため

STEP4：メインカラー工程

joojiが「ミルフィーユカラー」と呼んでいた、インナーに色とりどりの色を重ねたカラースタイルを作っていく。

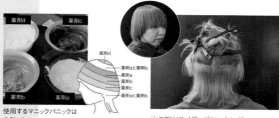

薬剤d　薬剤c
薬剤d
薬剤aと薬剤b
薬剤a
薬剤b
薬剤b
薬剤c
薬剤aと薬剤b
薬剤b　薬剤a

使用するマニックパニックは合計4色。
（薬剤a）サンシャイン（黄色）「1」の割合に対し、トリートメント「2」の割合で希釈
（薬剤b）ロカビリーブルー（青）「1」の割合に対し、トリートメント「17」の割合で希釈
（薬剤c）ロカビリーブルー（青）「1」+レイヴン（黒）「1」+トリートメント「14」の割合で希釈
（薬剤d）アフターミッドナイト（青）「1」の割合に対し、トリートメント「17」の割合で希釈
※トリートメントはシュワルツコフ プロフェッショナル「サロンオンリーコンディショナー」を使用。

①8割ドライ後、ブロッキング
シャンプー後、8割ドライをして6つのセクションにブロッキングする。
8割ドライの理由は、色味が薄いのでハーフドライだと薄くなる可能性があり、逆に10割ドライだと入りやすくなりすぎて、色味が強くでてしまうから。

②一番下のセクション
一番下のセクションに薬剤aと薬剤bをランダムに塗り分ける。このとき薬剤を塗布しない箇所（アルカリカラーのままの箇所）も作る。

③下から二番目のセクション
下から二番目のセクションに薬剤cを塗布していく。

④下から三番目のセクション
下から三番目のセクションに薬剤bを塗布していく。

⑤下から四番目のセクション
下から四番目のセクションに薬剤aを塗布していく。

⑥下から五番目のセクション
下から五番目のセクションには、薬剤aと薬剤bをランダムに線状に塗っていく（このとき薬剤を塗らない箇所も作る）。

⑦一番上のセクション
一番上のセクションには、薬剤dを塗布していく。この部分は光の透け感を意識して作ったカバーリングのようなもの。

⑧15分放置
ラップは色が混ざらないようにブロッキングに用いている。

マニックパニック後の流し
色が混ざらないように、流し始めは指を入れないで水圧だけで流す。できるだけ色が出なくなるまで流してから、指を入れながら流して普通にシャンプーしていく。

■KARINが見たjooji理論

いかに可愛い女の子を作れるか。
ただただそれだけを追及し続けた結果、jooji理論は生まれた

「いかに早く細かく綺麗に」。
joojiの塗布の仕方を見ていると、一見雑に見えるんだけど、速さと仕上がりを重視すると、ああいうざっくりとした塗り方になるんだろうなと思っていました。塗布の仕方だけでなく、カラーをするのに、必要最低限のムダのない技術と、必要な手の抜き方。joojiのカラー理論を支える技術の一つです。
「gris☆」時代のjoojiは、お客さんの「今をいかに可愛く、カッコよくできるか」ということを365日考えていました。だから「gris☆」にはカルテがなかったんです。そんな頭の中だから、誰よりも先に可愛いを作れるのかな、と思います。カラーの技術は日々のサロンワークで変化していっていました。当たり前だけど、ダメージ毛にはこ

ういうやり方、ハイトーンにはこの薬剤など、いつも試行錯誤していました。とにかく、いかに可愛い女の子を作るか、ただただ、それだけ。その思いに技術が伴って、jooji理論が生まれたんだなと感じています。
私は、美容師として施術をするのはもちろん大好きだけど、美容師さんに自分の頭をしてもらうのも大好きです。「gris☆」時代にはヘアーモデルとして、joojiに攻めたスタイルを作ってもらっていました。joojiにしてもらうカットカラー（一部をP23に掲載）が大好きで、毎回自分が最強な気持ちになります（笑）。
お客さんも、こんな気分を味わっているのかなと思うと、私も「お客さんにこんな気持ちになって帰ってもらいたい」「お客さんの可愛いを、私が引き出してあげたい」と思うようになりました。こんな美容師になりたいと思えたのも、joojiと一緒にお仕事をさせてもらったおかげですし、今の自分があるのはjoojiや「gris☆」、「gris☆」で関わってきたお客さん、友達のおかげでもあるので、joojiと関わった4年半は、私の人生にとって大きいものです。「ありがとう」。そしていつの日かjoojiを超えることができるように頑張っていきます。

WHITE HAIR

攻略01

バージンヘアからホワイトヘアにするまでの
最も安全な施術工程

ブリーチは1回の来店で最大2回までにしたほうがいい(1来店ブリーチ2回説。ただしファイバープレックスの出現で1来店時のブリーチ回数を2回以上に増やせる可能性がある)。

そして、バージンヘアから髪を白くするには、3回の来店が必要となる。

具体的には、「1か月に1回のペースで3ヶ月」の間に「計5回程度」のブリーチをするのが、最短かつ快適にハイトーンを維持できると考える。

3ヶ月よりも期間を縮めたり、1回の来店時に2回以上のブリーチをすると、綺麗にハイトーンを維持することができなかったり、髪が千切れたり、ナイロンみたいにヘロヘロになったりと、いいことはない。

■バージンヘアからホワイトヘア

1か月に1回のペースで3か月間に5回程度のブリーチをするのがよい。
3回の来店が必要。

1day	2day	3day
2回ブリーチ	2回ブリーチ	1回ブリーチ
1か月	1か月	

【1回目の来店】

最初の来店ではブリーチを2回行う。

1回目のブリーチ:60分〜90分程度放置。

2回目のブリーチ:30分〜40分までの放置時間が、ひとつの目安となる。

それ以上の放置は、デメリットが優先するのでNG。

1回目のブリーチ
①根元〜毛先まで全頭ブリーチ
②20〜30分放置
③再塗布
④20〜30分放置
⑤再々塗布
⑥20〜30分放置

お流し
三浴式トリートメントなどで中間処理

2回目のブリーチ
①ブリーチレベルの低いところから先に塗布。
②根元1センチ開けて毛先まで塗布。
③30〜40分放置(間に再塗布をいれる)

2回目のブリーチは地肌につくと痛いので

2回ブリーチ後はアルカリカラーでオンカラー

2回ブリーチ後のアンダーの状態は、まだオレンジ味を帯びた銀髪の領域なので、グレーやアッシュといった色に、少量の紫を混ぜれば、ブリーチ状態よりも少しだけ明るく色落ちし、色落ち過程でもグレジュやブルージュを楽しむことができる。

■アルカリカラー

> グレーやアッシュ系に少量の紫を混ぜれば色落ちが明るくなる

【2回目の来店】

2回目の来店でも2回ブリーチを行う。

まず根本(新生部が1センチ程度伸びた状態)をリタッチしながら全体にブリーチをしていくことになる。

その後、根本3センチ部分から毛先までの間に、少し濁っている部分がまだあるはずなので、そこにブリーチで補正をかける。

> ■1回目:根元新生部リタッチから毛先まで全頭ブリーチ
> ■2回目:根元3センチから毛先までブリーチ

2回ブリーチ後は、ホワイト系カラーを表現できる明るさまでアンダーは上がっているので、青みに少し紫を足した色のアルカリカラーを塗れば、白みを感じさせる領域まで髪を明るくさせることが可能となる。

■アルカリカラー

> 青みに少し紫を足した色を塗れば、白みのある髪色になる

【2回目の来店後、3回目の来店まで】

2回目の来店以降は、自宅で紫シャンプーを使用してもらうことで、色落ち過程で白みを帯びさせることができる。

jooji 豆知識

紫シャンプーの役割は髪を白く見せること。

紫シャンプーは、髪を白くするのではなく、白く見せる役割がある。この「白く見せる」ってことが、ここでのポイントになる。ブリーチした髪はキューティクルが開いた状態になっていて、その開いたキューティクルから残っているメラニン色素がゆっくり流出し、蓄積された微量の紫シャンプーの効果で髪が白くなったように見える。

紫シャンプーは、その名の通り、紫で構成されているが、通常の紫よりも青灰色がかっている。黄色の補色(反対色)は紫だが、ここでいう紫は、青とピンクが同じ比率で配合されてできる紫のことを指し、ペールイエローの髪に塗ると、どうしてもピンクが発色し青みが薄くなるため、紫シャンプーで青みを強めることで、白くみせているのだ。

とすれば、ペールイエローの髪を白く見せるには、紫シャンプーのように「微量の青灰色の紫」が必要になることは、なんとなくわかるよね。

紫シャンプーの使用方法

ホームケアとして使用する場合、毎日ではなく2日に1回のペースで使用するのが良いと伝えるようにしよう。紫シャンプーは使えば使うほど、髪がくすみ、色が入りにくくなるからだ。ブリーチ1週間前は紫シャンプーを使用しないように伝えることも忘れずに。なお、紫シャンプーをすればアンダー19レベルを19.5レベルまで上げることはできるが、髪が切れやすくなるので注意が必要だ(元のアンダーが19レベル以下だと切れる心配はない)。

【3回目の来店】

最後に3回目の来店では、1回のブリーチを行う。

> 1回のブリーチ:根元新生部リタッチから毛先まで全頭ブリーチ

1回のブリーチで、ほぼ白金までの明るさに持っていくことができる。

この時点でホワイトヘアや、かなり薄いパステルヘア、シルバーなど、どんな色でも表現が可能となる。

なお、これはバージンヘアに限った話なので、ブラウン系の色を入れたことのある髪であれば、もう少し回数が増える。

※ブラウン系などの残留ティントがある場合は、まず残留ティントがある部分をブリーチしてから根元〜毛先まで全頭ブリーチすることになる。

また、黒染めをされたことがある髪なら、運がよければ、白金近くまで持っていけることもあるが、ほとんどの場合は、白金まで持っていくことはできない。さらに、ブリーチサプリやトリートメントブリーチといったトリートメントを混ぜてのブリーチでは、ブリーチそのもののパワーが減力するので、もう少しブリーチ回数が必要となる。
ブリーチをする場合はお客様も、ダメージは覚悟しているとは思うが、髪が

千切れると、やるほうも、されたほうも悲しくなるので、あまり無理をせず、相談しながら、適切にブリーチ手順を踏んでいくようにしよう。
あと補足となるが、せっかくブリーチをしても、ブラウン系やベージュ系を混ぜたアルカリカラー剤を使用した場合は、上記よりもブリーチ回数が増えるということも覚えておこう。

［実践6］外国人風ホワイトブロンドの作り方

オーダー　ホワイトブロンドを目指したい。
提案　2回ブリーチでできるだけ白くすることを目指し施術を開始。

【1回目のブリーチ】
根元新生部は1回のブリーチで19レベルに持っていきたいので根元新生部を先にブリーチリタッチした後、根元を再塗布しながら毛先まで全頭ブリーチを行う。

ブリーチはドライ塗布

①ブリーチリタッチ
根元から先にブリーチリタッチ。写真はブリーチを塗っている途中のもの。
ブリーチ剤：ナプラ「アクセスフリーパウダーブリーチ」＋オキシ6％＝1：2

ラップ密閉による20分放置

②根元再塗布〜全頭ブリーチ
根元を塗布後、ラップで20分放置した後、ブリーチ剤を全体に塗布する。
この時のブリーチとオキシの割合は「1：1.5」。

Back to basic
再塗布ではブリーチ力をあげるため、ブリーチ剤とオキシ6％の比率においてオキシ6％の割合を低くする（例、最初の塗布がブリーチ：オキシ6％＝1：1.5であれば、再塗布時は1：1に下げる）。

ラップ密閉による40分放置

写真は全体を塗布した後、ラップ密閉により40分放置した後の状態。

③流し〜中間処理
写真は放置後シャンプーした後の状態。根元は問題ないが、毛先には残留ティントによるオレンジ味が出ている。そこで、極力ダメージしないように、三浴式トリートメントで処理を施してから、残留ティントが残ってる部分だけにブリーチを塗布していくことになる。

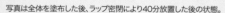

2回目のブリーチの工程
①一番残留ティントが強かった部分に塗布→②20分放置→③根元以外の全体に馴染むように再塗布→④15分放置

写真は15分放置後の状態。残留ティントの85％程度を除去できたので、この後シャンプーに入る。

【2回目のブリーチ】

jooji Voice
2回目のブリーチにおけるブリーチとオキシの割合は「1：1」。ハーフウェットによる内部の水分と、トリートメント処理によりブリーチのパワーが落ちるため、この割合にしている。

ブリーチはハーフウェット塗布

---

jooji流ダブルブリーチ（ブリーチ毛）

●根元への塗布は一度に留めたい
根元はなるだけ1回のブリーチで到達点まで持っていきたい（根元へのダブルブリーチは痛い）ので、先に根元だけ塗って、放置時間を長くとるようにしている。
今回も根元は70分程度放置している。
70分程度放置すると、だいたい19レベル強にまで上がるので、2回目のブリーチでは根元は塗布しなくてもよくなる。

●既染部の放置は40分まで（アンダー18レベル以上）
既染部は、過去のデータから40分以上放置すると「千切れたり」「極端にダメージしたり」するなどリスクが高くなるので、先に新生部である根元だけをブリーチし、既染部については、40分以上はあまり置かないようにしている。

●2回目のブリーチに入る前に三浴式トリートメントで処理を行う。

●2回目のブリーチはハーフウェットで塗布
ハーフウェットで塗布する理由は、毛の内部に残っている水分がブリーチを緩和してくれること、残留ティントは比較的ハーフウェットの方が取れやすいと感じていることから。

●2回目のブリーチでは濁り・残留ティントが最も強いところから先に塗布

●2回目のブリーチではブリーチとオキシの割合は「1：1」にする。

【マニックパニックの調合】

2回のブリーチをしても、黄味と微量のオレンジ味は残ってしまう。ホワイトブロンドにするには、黄味と微量のオレンジ味を消す必要がある。黄味と微量のオレンジ味を消せ、かつホワイトブロンドにできる色は、「かなり薄い青紫」となる。そこで、今回はマニックパニックの「ライラック」を選択し、これを多めのトリートメントで希釈して「かなり薄い青紫」を作った。写真の色より薄いと、ブロンドに寄ってしまう。かといって、これより少し濃いだけでもグレーに寄ってしまうから、この色合いがとても大事だよ。

オンカラーはハーフウェット塗布

オンカラー
写真は、マニックパニック「ライラック希釈トリートメント」塗布後の状態。
ブリーチの黄味が消えてるのがわかるかな！？
塗布後、15分放置してシャンプーに入る。

仕上がり
外国人のホワイトブロンドになった。
ホワイトブロンドって言っても、いろいろな種類があり、本当にいろんな白って作ることができるのでブロンドを作るのって楽しいと思う。今回は、ホワイトブロンドを作るためのキーワードやヒントを散りばめているので頑張ってね！

[実践7] 19.5レベルのホワイトヘアの作り方

写真はいずれもアンダー19.5レベルのjooji歴代ホワイトヘア上位3作品

■リアルホワイト

アンダーが19レベルあれば、どんな色でも作れるし、髪が快適に過ごせる限界値だと感じていることから基本的には「19レベル上限説」をとっているが、本物のホワイトヘアを作る場合にだけ19.5レベルに上げなければならないと思っている。

19.5レベルのホワイトブリーチは、限られた髪の状態のお客様だけに、かつ限られた技術者にしか許されない領域だと僕は考える。例えば、縮毛矯正やデジタルパーマ、あるいは日常において過度に使用されているアイロン等により、タンパク変性を起こしている髪の状態では19.5レベルまで持っていくことはできない。また、黒染めやブラウンカラーを繰り返している場合は、蓄積された残留ティントが邪魔をして、19.5レベルまで上げることができない。さらに、ヘナやマニキュア、あるいは濃い塩基性カラーにより、残ってる色味がある場合は19.5レベルまで上がらないし、上げてはならない。こうした条件をクリアし、なおかつ、ビビっている髪もなく枝毛も多くない場合にのみ、19.5レベルのリアルホワイトブリーチを目指すことができる。

19.5レベルのホワイトブリーチが許される髪

● タンパク変性を起こしていない
● 黒染めやブラウンカラーを繰り返し行っていない
● 残留ティントが色濃く残っていない
● ビビっている髪がない
● 枝毛が多くない

施術の際の注意点

リアルホワイトブリーチの施術について注意すべき点としては下記のものがある。
①遠赤による加温は、髪内部の水分や油分が一気になくなるため、あまりお勧めできない。
②処理剤に油分多めのものを使うと、その油分と一緒に髪の油分まで持っていかれるから、工夫しなければならない。CMC系三浴式の処理剤のオイルでないものを使うと作業がしやすい。
③髪への負担や、お客様の負担から、既染部のブリーチの放置時間は最大60分程度までにとどめておいたほうが無難。
④新生部に関しては2センチまでならラップ併用の再塗布で、60分〜90分の放置時間で19.5レベルまで上げることが可能である。
⑤既染部は18レベルか、最低でも17レベルまで上がっている状態での一回ブリーチが最もリスクを抑えることができる。

オンカラーの調合には下記の2タイプがある。
【オンカラーの調合】

1. マニックパニック「ヴァージンスノー」50mlと「ライラック」0.5グラムを、シュワルツコフ プロフェッショナル「サロンオンリーコンディショナー」300グラムに加えて調合。

（写真左）ブリーチ終了時、（写真中）マニバニ塗布後シャンプー後、（写真右）ドライ後

2. マニックパニック「ライラック」5グラムをシュワルツコフ プロフェッショナル「サロンオンリーコンディショナー」300グラムに加えて調合。

Photo Akiko Isobe

アルカリカラーでペールイエロー領域の髪を白く見せる方法

紫シャンプーのところ（P118）で書いたように、ペールイエローの髪を白く見せるには、「微量の青灰色の紫」が必要になる。この微量の青灰色の紫をアルカリカラーで調合するとすれば「N10+10レベルのグレー+10レベルのバイオレット」となる。

青灰色の紫

【N10】
くすんだ白っぽい色といえば殆どのメーカーのカラー剤において、N10となる。そのため、N10は灰色が混じった白だと思ってくれていいと思う。くすみを薄めたい場合は、クリア剤またはトリートメントで薄めると淡い白っぽい色になる。

【10レベルのグレー】
10レベルのグレーは灰色ではなく、凄く薄い青が混じった灰色だと思ってくれていい。

【10レベルのバイオレット】 紫

「N10+10レベルのグレー+10レベルのバイオレット」のアルカリカラーを塗布

jooji Voice

退色過程で、くすんだ白っぽい色になるよう施術している。ただし、最初からくすんだ白っぽい色にすると、微量の残量ティントが残っている中間部分から先の部分が、他の部分よりもベージュがかる可能性があるため、少し色を放り込んで、退色時に残量ティントも一緒に連れてってね、との思いで、ホワイトグレー系カラーにしている。

Q ホワイトブロンドにするには？

A ホワイトブロンドにするには写真の色よりもグレーを薄め、黄味を消し切らない程度に残す必要がある。
グレーはN10の分量で調整、黄味は10レベルのバイオレットの分量で調整していくので、クリア剤メインにN10と黄味を消しきらない程度の紫（V）を混ぜたらできる。

Q シルバーを発色させるには？

A グレーに青白を混ぜれば、シルバーっぽく発色する。シルバーのカラー剤がない場合は、N10にアッシュと白を混ぜたらシルバーっぽくなる。

jooji Advice

今はピンとこないって方もいると思うけど、きちんとカラーに向き合えばピンとくる時期がくるので、楽しみながら勉強や研究、練習をしていこう。色の構成が理解できれば、いくらでも応用がきくようになるよ。ただし、アンダーレベルの明るさで、発色が変わってくるため、まずは均一にブリーチすることがとても大切になってくる。

[実践8]ホワイトブロンドを維持するための施術

前回、来店から2カ月弱。
根元新生部2センチ弱の状態。
ホームケアーで紫シャンプーを使用している。

【今回の施術】
ブリーチリタッチで全体のブリーチレベルを合わせて、引き続き、ホワイトブロンドを維持するため根元は19.25レベルまでリフトアップする。

【施術工程】
根元新生部2センチをブリーチリタッチ

■リタッチ工程
①塗布時間15分（30分放置）
↓
②再塗布5分（20〜25分放置）
↓
③再々塗布5分（10〜25分放置）
写真はブリーチリタッチ後、ラップして30分放置した状態で再塗布したもの。

オンカラー
今回は、ブリーチで作るブロンドに少し補正をかける程度なので、紫シャンプー感覚でカラートリートメントを選択。
写真のカラートリートメントの内容はトリートメント80グラムに対して、マニックパニックのライラックを2グラム以下で混ぜ合わせて作っている。
これは、ブロンドからほんのりホワイトブロンドへ変わる程度のパワー。ブリーチ後のカラートリートメントの注意点は、ベースブリーチにむらがあると、そのまま色むらになってしまうので、ベースブリーチにレベル差がある場合は、必ずアルカリカラーを使用すること。

■カラートリートメントを使用する場合の注意点
ベースブリーチに色むらがある場合は、必ずアルカリカラーでベースのレベルを整えること。

ブリーチリタッチレベルを19.25レベルにして、ライラック超希釈のカラートリートメントを塗布後の仕上がりの写真。
なお、今回はカラートリートメントを用いたが、アルカリカラーで施術する場合は、「クリア剤メインでN10に微量のブルーラベンダー」を混ぜれば、ほぼ同じ効果が出せる。
ただし、微妙な明度の関係で、カラートリートメントの方がより光沢が出せる。アルカリカラーだと、ほんの少しくすみが出ることになるが、視覚的に色そのものに差異はないので、一般的にはアルカリカラーで表現することをお勧めする。

■アルカリカラーで施術する場合

クリア剤メイン+N10+微量のブルーラベンダー

攻略02 jooji COLOR

[実践9] ラベンダー系セクションカラーの作り方

【施術工程】

ブリーチリタッチ
毛先はダメージ対策とナチュラルに発色させるため、来店時の状態の色の上にカラーをかぶせることにした。写真はブリーチリタッチ後の状態。

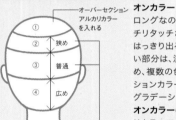

オーバーセクション
アルカリカラー
を入れる

① 狭め
② ③ 普通
④ 広め

アンダーセクションを3つにブロッキング
→マニパニで3色のインナーカラーを入れる

オンカラー
ロングなので、アレンジやくくったときに、ブリーチリタッチされている部分は、彩度が強く、色がはっきり出るように、ブリーチリタッチされていない部分は、淡く発色して落ち着いた印象を出すため、複数の色が混じった感じのラベンダー系セクションカラーにするため、4つにブロッキングしてグラデーションをかける。
オンカラーの配置：オーバーセクションに、アルカリカラーで、落ち着いたグレーラベンダー系を作り、インナーに三色のセクションカラーを入れる。

ブロッキングの仕方
①アルカリカラーのオーバーセクションを先にブロッキングしておく。
②次に、インナーカラー部分を3つに分ける。このとき注意したいことは、髪は上から下に落ちるため、下側のセクションは隠れやすくなること。そのため、均等に3つに分けるのではなく、一番下は少し広く、真ん中は均等に三等分した幅ぐらいに、一番上は三等分よりも狭くとる感覚でブロッキングをするとよい。

インナーカラーの調合
①まず、マニックパニック「ホットホットピンク」をトリートメントで20倍に希釈したもの（ホットホットピンク希釈）と、「ショッキングブルー」をトリートメントで20倍希釈したもの（ショッキングブルー希釈）を用意する。ホットホットピンク希釈はそのままピンクとして使う（左上）
②ホットホットピンク希釈＋ショッキングブルー希釈＝2：1の割合でラベンダーを作る（右上）
③②で作ったラベンダー「1」の割合に、ショッキングブルー希釈「2」の割合でブルーラベンダーを作る（下）。

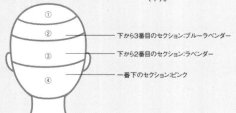

①
②
③
④

下から3番目のセクション：ブルーラベンダー
下から2番目のセクション：ラベンダー
一番下のセクション：ピンク

インナーカラーの塗布
①一番下のセクションにピンクを塗布（写真上）
②下から二番目のセクションにラベンダーを塗布（写真中）
③下から三番目のセクションにブルーラベンダーを塗布（写真下）

**オーバーセクションの
アルカリカラーの調合**
アルカリカラーは、スロウのモノトーン8レベルをメインに、アッシュの8を少量に、6レベルのレッドバイオレットと6レベルのブルーバイオレットを少量加えて調合した。
写真はアルカリカラー塗布後のもの。

> オンカラーでは基本的にラップやアルミなどでブロッキングはしないが、今回は塩基性カラーとアルカリカラーを使用するので、両者が混ざり合わないようにラップでブロッキングをしている。

Jooji Voice

仕上がり
様々なラベンダーやピンクが入り混じっているが、ナチュラルに発色させているため、そこまで派手には見えないカラー。こんな感じで僕のセクションカラーは作られている。

[実践10] むら染め風カラーの作り方

スロウで染めたデニムカラーとマニックパニックの水色ブルー系で作る「むら染め風カラー」の作り方。

【オンカラーの施術工程】

①アルカリカラー
19レベルにブリーチ後、スロウの「A10＋MT10＋10レベルのブルー」を「3:1:1」の割合で調合したものにホーユーの「ダニエルギャルピン プロマスターEX VA—8／7」を少量混ぜたものを塗布。20分放置後シャンプーした状態。

②ブロッキング
デニムカラーとマニックパニック希釈のカラーは、色調が近いため、コントラストがつかないので、今回はざっくりと上下3つのセクションにブロッキング。

③塩基性カラー塗布
【今回の調合】マニックパニックの「アトミックターコイズ」と、「ライラック」、「ショッキングブルー」を「1:1:1」で混ぜたものを、トリートメントで希釈。

一番下のセクションに塗布　　真ん中のセクションに塗布　　一番上のセクションに塗布

■マニパニ塗布の工夫
一番上のセクションは、より馴染ませるため根元を外して塗布することで、髪の隙間から、下のセクションに塗った水色ブルー系のカラーが、ちらほら見えて、ちょっとしたアクセントになる。

④仕上がり
同じ青系でまとめたカラーは、派手になりすぎず、さりげないお洒落を演出できると思う。

[実践11] joojiオリジナル "フィルターパステルカラー" の作り方

まるでフィルターをかけたかのように、光が当たることにより内側と表面の色が混じりあうカラースタイルを「フィルターパステルカラー」と呼んでいる。ハイトーンの髪は光を透過する。この原理を利用したカラースタイルで、髪の内部と表面とで異なる色を発色させ、光を当てることにより、異なる色が混じり合うことで独特の色を演出させる、joojiオリジナルのカラースタイルだ。実際の施術を見ていこう。

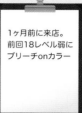 

1ヶ月前に来店。
前回18レベル弱に
ブリーチonカラー

【施術内容】
今回は少しメタリックな艶と質感を出したフィルターパステルカラーをセクションでカラーリングして18.5レベルまでリフトアップし、次回19レベルまでリフトアップするプランで施術を開始した。

【施術工程】

①根元新生部にブリーチリタッチ後、脱染及び軽めのリフトアップのため、トリートメントブリーチを全体に塗布。

> 脱色ではなく、脱染したい場合は、ブリーチ剤にトリートメントを混ぜて使用する。こうすることで脱染でき、かつ髪へのダメージも低減できる。

②ベースカラー
ベースカラーにはホワイト系に燻し銀のような輝きを出すため、アッシュシルバーを混ぜている。
写真は、ベースカラー終了後の写真。
ベースカラー剤は「クリア剤＋N10＋8レベルのアッシュ＋10レベルのバイオレット」。

③メインカラー（カラートリートメント）
写真はベースカラー後に塗布するカラートリートメント（マニックパニック使用）。
左：ヴァージンスノーにライラックを混ぜてトリートメント希釈したもの。
真中：ホットホットピンクをトリートメント希釈し、そこに少量のライラックを混ぜたもの。
右：ショッキングブルーとライラック、アトミックターコイズを混ぜ、トリートメントで希釈したもの。

カラートリートメント塗布後の写真。三色が混じり合うようにセクションを取り、塗布した。

④仕上がり
僕のnext colorの裏メニューは、艶の出し方にある。それはクリアだったり、くすませたり、あるいはマットにしたりと。今回は、少しメタリックな艶感の出るフィルターをかけているのがポイント。

[実践12] アルカリカラー×塩基性カラーで作るグラデーションカラーの作り方

塩基性カラーの最もポピュラーな使い方の一つにグラデーションカラーがある。「全体をアルカリカラーで色を入れ、毛先にだけ塩基性カラーを発色させる。」ここでは、jooji流使いこなし術もふまえ、簡単に「人気のグレー×紫のグラデーションカラー」の作り方を説明しよう。

Basic Theory

■青系の色を発色させる際の注意点

明度を落としすぎないこと

今回は、7レベルのアルカリカラーで染め、毛先に「青紫よりの紫のグラデーション」を発色させていくことになるが、ここで注意すべき点は、「明度を落としすぎないこと」。
特に青系はあまり明度を落としすぎると、発色が悪くなったり、色がはっきり出なくなったりするから注意が必要だ。

退色後も考慮して明度を決めること

青紫の塩基性カラーは、退色すると先に青味が飛ぶためグレーへと移行していく。そのため、退色後も考慮して明度を決める必要がある。なお、毛先を明るく残したほうがカラーの完成度は格段に上がる。

紫を調合する際に注意すべきこと

紫というのは「青とピンク」、または「青と赤」で構成された色味であり、若い世代に求められているのは、前者の「青とピンク」で構成された紫であるということを押さえておく必要がある。そして、ピンク味のほうが青味より、より低いアンダートーンで発色するため、仮に青とピンクを同じ比率の分量で調合した場合、19レベルでは青味がきちんと発色していても、18レベルではピンクの方がより発色することも忘れてはならない。

【今回の調合】
ベーシック理論でも書いたが、塩基性カラーの紫は、他の原色と比べ、一段ないし二段階、発色が落ちるため、今回は落ち着いた青紫を感じる色を発色させたいので下記のような調合となった。
マニックパニック「ライラック2」に対して、「ショッキングブルー2」を足し、さらに「ホットホットピンクを0.5」足したものを軽く希釈して青紫を作った。ここで覚えておきたいのは、「ショッキングブルーとホットホットピンクで作る紫のほうが、既存の紫より、より発色する」ってことだ。

【オンカラーの施術工程】

①アルカリカラーを塗布
7レベルのアルカリカラーを塗布

Back to basic

アルカリカラーは必ず20分以上放置すること。

②塩基性カラー塗布
マニックパニック塗布後、15分放置する

③シャンプー後

④仕上がり
色の持つ特性や、色の明度・彩度を理解しておくと、カラー施術の幅が格段に飛躍する。日々努力あるのみですね。

[実践13] アルカリカラーによるオーバセクションの作り方

今回はベースカラーとしてアルカリカラーを先に塗布するのではなく、アルカリカラーとマニックパニックを同時施術していく。オーバーセクションのアルカリカラーの色味と、アンダートーン、そしてマニックパニックの希釈具合がポイントになる。

ブリーチリタッチ後の状態。上下3つのセクションに分けてブロッキングし、オーバーセクションにアルカリカラー、それ以外のセクションにはマニックパニックパステル系カラーを塗布していく。

一番下のセクション写真

下から二番目のセクション写真左手から
①→②→③→②→
④→②→③→②→
⑤→②→①の順で
マニパニを塗布。

下から二番目のセクション

一番上のセクション（オーバーセクション）に塗布するアルカリカラーは、ホワイト感をだすため、10レベルのブルーパールとブルーラベンダーに、N10を調合して作る。オキシは3%。

仕上りの写真

【使用マニックパニック】
①ホットホットピンクをトリートメントで超希釈したもの
②黄味を少し消しホワイトよりのブロンドにするため、トリートメント50グラムにライラック0.5グラム混入させたもの
③ショッキングブルー＋アトミックターコイズ＋ライラック＝水色系ブルーをトリートメント希釈したもの
④グリーンエンヴィにエレクトリックバナナを少し足しトリートメント超希釈
⑤ライラックにホットホットピンクを少し混ぜトリートメントで希釈したもの
※トリートメントはシュワルツコフ プロフェッショナル「サロンオンリーコンディショナー」を使用。

[実践14] 日本人に作るアイスブルー系カラーの簡単な作り方

アイスブルー系カラーを作るには、最低でも19レベルの明るさが必要である。と言うのも青味と白味をバランスよく共存させなければならないからだ。そのため、アンダーブリーチは、可能な限り綺麗にできるようにしよう。

【施術工程】

①ブリーチ
【アンダーレベル19以上を目指す】
写真はブリーチ後の状態。アンダーは19.25レベルになる。

②ベースカラー
【アルカリカラーでベースを整える】
アンダーブリーチ後は黄味を消すためと、その後に塗布する塩基性カラーを扱いやすくするため、一度アルカリカラーを塗布する。そうすれば日本人の髪でもアイスブルーを出しやすくなる。左の写真は一度青白くなるようにアルカリカラーを塗布している。
【アルカリカラーの調合】
N10と10レベルのブルー1:1+少量の10レベルのブルーバイオレット+少量の10レベルのアッシュ+少量の10レベルのグレー

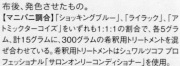

③メインカラー
【マニックパニックを塗布】
塩基性カラー後の写真で、マニックパニックを超薄めてアイスブルーを作り、塗布後、発色させたもの。
【マニパニ調合】「ショッキングブルー」、「ライラック」、「アトミックターコイズ」をいずれも1:1:1の割合で、各5グラム、計15グラムに、300グラムの希釈用トリートメントを混ぜ合わせている。希釈用トリートメントはシュワルツコフ プロフェッショナル「サロンオンリーコンディショナー」を使用。

アイスブルーカラーを作るポイント

①アンダーのブリーチを綺麗にすること。
②ブリーチレベルを根元から毛先まで均一にすること。
③アルカリカラーの10レベルで青味と白味を操れること。
④塩基性カラーは各レベル毎にどれぐらいの濃度で、どれぐらい発色するかを把握・理解すること。

以上ができれば、ひと昔前まで日本人には絶対にできないと思われていた淡い色やパステルカラーを簡単に表現できるようになる。
ただし、黒染めやダークトーンなどのカラーをしているため、ブリーチをしても19レベルまで持っていけない髪では、アイスブルーカラーを表現することは出来ないので、19レベルに持っていける髪かどうかを見極める知識や経験が必要となる。

[実践15] 毛先にかけてパステルカラーが消えていく魔法のカラーレシピ

ベースカラー
19レベルにブリーチリタッチ後、ベースカラーを作るためアルカリカラーを塗布。
【アルカリカラーの調合】
「クリア剤+N10+V10」

メインカラー（カラートリートメント）
ベースカラー終了後に、カラートリートメントを細めの線状に塗布。

カラートリートメントの調合
左：ホットホットピンクをトリートメントでかなり希釈したもの。
真中：ホットホットピンク2の割合に対し、ショッキングブルー1の割合で混合後、トリートメントで希釈したもの。
右：ショッキングブルーに、ライラック、アトミックターコイズを混合し、トリートメントでかなり希釈したもの。

仕上がり
カラーはファンタジーやアニメに少しインスパイアされた世界観にしている。ポイントは毛先にかけてパステルカラーが消えていくようにしているところ。

[実践16]パステル系カラーの作り方

・新生部1.5センチ
・過去2回、1.5ヶ月スパンでのトーンダウン履歴あり。
・既染部は19レベルのアンダートーンであるものの、ダークトーンの残留ティントがあるため、そこまでリフトアップしていない。

既染部の対処

光の透け感などを考慮すると、ブリーチ剤をつけて少し放置すれば、80％以上の残留ティントは除去できると判断したため、今回は、既染部に合わせたブリーチではなく、既染部よりも少し甘めにブリーチリタッチしている。

■残留ティントがある場合

①光を透かさない	脱染するのが難しい
②光を多少なりとも透かす	比較的脱染は容易

パステルカラーに適したアンダー19.25レベルへブリーチする工程（一例）

【施術工程】

①ブリーチリタッチ塗布時間15分
ブリーチ剤「ナプラアクセスフリー」10の割合に対して、アリミノ「ブリーチ120」を1の割合にミックス。

オキシは6％で、ブリーチ1の割合にオキシ1.25の割合で調合

ラップ密閉による
35分放置

②再塗布5分
残液にナプラ「アクセスフリー」のみを足してブリーチとオキシの割合を1:1にして塗布

ラップ密閉による
30分放置

【施術工程】

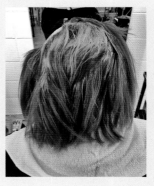

【ブリーチ】
①根元新生部～トーンダウンにより残留ティントが色濃く残る中間部までブリーチリタッチ
ハイトーンにおいて重要となるのが、「アンダーと残留ティントの見極め」。
しっかりと判断できるように訓練したい。
写真はブリーチリタッチ後の状態。
ブリーチ剤
「ナプラ アクセスフリー」＋オキシ6％＝1:1.5

ラップ密閉して
30分放置

②根元再塗布～毛先塗布
写真はブリーチリタッチから30分放置後の状態。根元が約18レベル程度にリフトアップしたので、この後、毛先の残留ティントを除去するため根元に使ったパウダーブリーチに、新たに軽くパウダーブリーチを足し、さらにトリートメントを混ぜたものを全体的に塗布した。

ラップ密閉して
10分放置

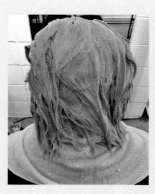

10分放置した後の状態。毛先は以前にアンダートーン19レベル。このレベルにある髪にブリーチ剤を塗布すれば、20分後には髪が千切れだす。過去の様々な例から考えても、15分以上は危険。
10分程度、ないしは10分以内の放置にとどめると、ダメージが最小限に抑えられ、髪が千切れるリスクもかなり低減される。以上のことを頭の隅にでも置いておいて欲しい。

シャンプー

先ほどの状態からシャンプーした後の状態である。前回、前々回のダークトーンにした時の根元部分の濁りが多少気になるが、この程度ならアルカリカラーで補っていけばリカバリーできる。

【アルカリカラーの調合】

今回は、ブリーチ後にアルカリカラーをしてパステル系のマニックパニックをコーティングする施術工程で進めるため、ブリーチ後、先にアルカリカラー後にコーティングするパステル系カラートリートメントを作ってから、その色を綺麗に発色させるため、アルカリカラーをブリーチ後の状態を見ながら調合していった。

Back to basic アルカリカラーの調合：ベースの状態を見て、希望色に対し、何が必要で、何が必要ではないかを、まず考える必要がある。

【パステル系カラートリートメントの調合】

希望色：パステルなんだけど落ち着いた印象（くすみ感）のあるグリーン。
シュワルツコフ プロフェッショナルの「サロンオンリーコンディショナー」300グラムにマニックパニックの「グリーンエンヴィ」を2.5グラムだけ足して超パステルカラーを作った。

ベースの状態

では考えてみよう。この状態にくすみ感のあるグリーンを発色させるには何が必要で何が必要ではないか。
①もう少し白味をだしたい（白味が必要）
②黄味を消したい（黄味が不要）
③残留ティントの濁りを薄めたい（濁りが不要）
④全体的にくすませたい（くずみが必要）
⑤若干のマット感をだしたい（マット感が必要）

- 白味を出したい理由は後に入れるパステル系カラートリートメントを綺麗に発色させるためなので、これは「N10」で叶う。
- 黄味を消すには、今回のアンダートーンなら微量の青紫を入れると消せるので、「10レベルのブルーバイオレット（BV10）」を使用する。
- 残留ティントの濁りについては、微量のアッシュで軽く消せるので「10レベルのアッシュ（A10）」を。
- 全体的くすませるには、グレーやモノトーンでくすみを出すことができるので「10レベルのモノトーン（MT10）」を。
- マット感は「10レベルのマット（M10）」で実現することができる。

アルカリカラーでは、これらの要素を必要最小限の量だけ補えばいいことになる。

【ベースカラー（アルカリカラー）～カラートリートメント塗布】

①ベースカラー塗布

写真左）ベースカラーとしてアルカリカラー塗布後の状態。
写真右）20分以上放置後、シャンプーした後の状態。

②カラートリートメント塗布

マニックパニックカラートリートメント塗布後の状態。

15分放置

③仕上がり

くすみ感をもたせることでパステルなんだけど、落ち着いた印象となる「秋冬仕様のパステルカラー」の完成だ。

- パステルカラーを表現する最適なアンダーレベルは19（厳密には19.25）レベル強。

Back to basic パステルカラーを表現するには、アンダーのトーン差は1レベル（厳密にいえば0.5レベル）以内に留めること。これ以上のレベル差があるときは、アルカリカラーでベースを整えてから、マニックパニックを塗布するようにしよう。

[実践17] カラートリートメントで作るゆめかわいい系カラーの作り方

履歴：前回、19レベル強にブリーチし、ラベンダーのワンカラーをしてから2週間程度での来店。

【施術内容】

リタッチ
根元は少ししか伸びていないため、ブリーチ剤ではなくアルカリカラーで根元リタッチ。

オンカラー
次回、3週間後に来店頂いたときにブリーチをして別の表現をすることになっているので、それまでに色落ちをさせて、次回の色を作りやすくするためと、次回来店までの期間を楽しんでもらうため、カラートリートメントで淡く発色させ、色落ちは完全な白金状態を目指す。

【施術内容】

根元リタッチ
12レベルのスモーキーピンクモーブでリタッチした状態。

【カラートリートメントの調合】
カラートリートメントとして、マニックパニックをトリートメントで希釈したものを用意。
①（左）：ホットホットピンクをかなり希釈したもの。
②（右上）：ライラックに、①を少量足してから、さらに希釈したもの。
③（右下）：①をさらに希釈して、②をごく少量混ぜたもの。
上記3色をランダムに塗り分けていく。

オンカラー塗布
まず4つのセクションにわける。

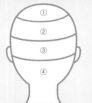

一番下（ネープ）のセクション塗布
ネープセクションを塗り終わった状態から、髪が自然に落ちる位置で1回コーミングした状態。今回の様なパステル系カラーを「ぼやっ」と発色させるためには、コーミングで馴染ませるのがポイントとなる。

下から二番目のセクション
第二セクションを塗布後、コーミングした状態。このセクションでは、来店時の白金をあえて残している。

> **jooji Voice**
> パステル系のカラフルヘアを作る場合、ホイルとかは使わないで、そのまま塗っていきます。ホイルワークの場合、薬剤が多く塗られてたまるから、シャンプーのときにどうしても色が滲むんだよね。

下から三番目のセクション
第三セクションを塗布した状態。左はコーミング前、右はコーミング後の写真。コーミングした方が、色が馴染んでいるのがわかるかな!?

オーバーセクション
オーバーセクションを塗り終わって、コーミングした状態。
この状態で15分放置する。

シャンプー後の状態。ぼやっと発色させているでしょ。

仕上がり

---

jooji 豆知識

「コーミング」
マニパニなどの塩基性カラーを塗ったままの状態にすると「色味が孤立している」もしくは「孤立してみえる」けれど、塗布後コーミングを1回〜2回すると、色が馴染む。
パステル系のカラーをする場合は、色を孤立させるデザインなのか、色を馴染ませるデザインなのかによって、塗布後コーミングするかしないかを決めることになる。
コーミングする場合は、「髪の落ちる位置でゆっくりとリングコームで行うこと」。今はわからなくても、ハイトーンカラーをやり続け、研究していると、この「馴染む」もしくは「孤立させる」という感覚がかわる時がくるはずだから、それまで頭の隅に入れておいてください。

継承

[HAIR&MAKE EARTH 神楽坂店]
NATSUHIRO YAMAMOTO

[puf]
MINAKO

[Arrows]
MAKOTO YAMAZAKI

SUCCESS IS OUR SU

[Beni--.]
KARIN

[salon dot.tokyo]
MOEKO TANAKA

ハイトーン時代を牽引する5名の美容師によるjooji継承作品

Style of
Enjoy The Color
ー楽しむー

Yamazaki Makoto

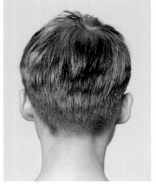

■カラー剤
【前処理】[薬剤a]オラプレックス№1 ボンドマルチプライヤー
【ベース】[薬剤b]スロウカラー クリア（ビューティーエクスペリエンス）：エドルPe-9（タカラベルモント）：エドルV-9（タカラベルモント）＝5:1:1 エドルオキシ2%
【カラー】[薬剤c]セイレーンズソング
[薬剤d]サンシャイン [薬剤e]ウルトラヴァイオレット
[薬剤f]ホットホットピンク（すべてマニックパニック）
[薬剤g]スロウカラーCN/05 3%（ビューティーエクスペリエンス）
サロンオンリーコンディショナー（シュワルツコフプロフェッショナル）で50:1に希釈

before

[元の明度]
根元4レベル 中間部6レベル 毛先6レベル
[現在の明度]19レベル

1

【オンカラー前の処理】
仕込みブリーチで、暗めにトーンダウンした履歴のある髪を19レベルまでリフトアップすることで髪に負担をかけてしまったので、髪の強度を保つためにドライ状態の髪に薬剤aをあえて原液で塗布。ウェットな状態でベースカラーの施術に入る。

[継承ポイント]
・マニパニはハーフウェットで塗布する
・基本的にマニパニ塗布時はアルミなどでブロッキングはしない

2

[継承ポイント]
アルカリカラーは10レベルを上限とする

【ベースカラー】
ベースカラーのアルカリカラー（薬剤b）は、ダメージ毛と頭皮への刺激を考慮し、10レベルを上限に選択する。アルカリカラー剤に混ぜるクリア剤の分量を多めにするとより刺激が抑えられる。ベースとなる薬剤を根元から毛先まで一気に塗布する。このとき、根元を多めに、毛先が薄くなるようにムラなく均一に塗布するのがポイント。20分放置後、プレシャンプーをする。写真下はシャンプー後の状態。スロウのグレーとパープルを混ぜることで、濁りみのあるベースが完成した。

[継承ポイント]
渋い光沢をだしたいときは迷わずスロウを使う

3

【メインカラー】
フロントサイドをドライ後、マニパニでデザインをする。完全にドライの状態だと、塗布する際に細かい毛が施術の邪魔になることがあるので、スプレイヤーで水分を足しながら行う。同系色が重ならないように配置を考えながら薬剤c〜fを塗布。多少混じってもよいので、色分けは細かくランダムに。バランスを見て薬剤gを入れて引き締める。

4

【メインカラー】
バックサイドはこめかみ、バックはぼんのくぼ（後頭部から首すじにかけての中央のくぼんだ所）より下の部分に薬剤eを単色で塗布。短い毛では色の流れを作ることができず動きが出せないため、寒色系のバイオレットで引き締める。

5

[継承ポイント]
多色使いの場合、色同士を馴染ませたいときはコーミングを行う

【コーミング＆シャンプー】
10分置いた後、シャンプーで流す。シャンプー台に横になった状態でまずはコーミングをする。全体の髪を後ろ側に寝かし、色同士をなじませてから洗い流す。

仕込みブリーチ 施術工程

既染部

新生部 2センチ
既染部 2か月前に5レベルにトーンダウンした履歴あり

仕込みブリーチでは、根元から毛先まで均一に19レベルまでリフトアップさせるためダブルブリーチを行った。

【1回目のブリーチ】 毛先は一回ブリーチ毛（16レベル→5レベルにトーンダウン）であったが、強度が保たれていたことから、根元から毛先まで同時に塗布後、35分放置。シャンプー台で薬剤を流した後、オラプレックスNo.2 ボンドパーフェクターを全体に塗布し、5分程度放置後に、オラプレックスNo.3ヘアパーフェクターで洗い流す。

【2回目のブリーチ】 1回目のブリーチで根元は18レベルまでリフトしているが、毛先は16〜17レベルなので、まだオレンジ味が残っている部分にブリーチ剤を塗布し30分放置後、オラプレックスNo.2を全体塗布。5分放置後オラプレックスNo.3でシャンプーし、トリートメントでベースブリーチを終了。

[使用薬剤]
● 1回目のブリーチ：アリミノブリーチ120＋オキシ6％＝1：2に、ブリーチ剤に対しオラプレックスNo.1ボンドマルチプライヤー3％を入れている。 ● 2回目のブリーチ：（アリミノブリーチ120＋アリミノティントエスケープ＝2：1）＋オキシ2％＝1：2に、ブリーチ剤に対しオラプレックスNo.1ボンドマルチプライヤー3％を入れている。

塩基性カラーを楽しみながらデザイン
することがjoojiさんへのオマージュ

ブリーチ後に塩基性カラーを行うと、色がそのまま発色してビビッドになりすぎる場合があります。トーンを下げずに濁りを出したい場合は、グレーとパープルを混ぜてオンカラーするのがポイントです。濁らせたベースの上から塩基性カラーを塗布することにより、少しスモーキーな発色が期待できます。アンダートーン作りと、塩基性カラーを楽しみながらデザインをするということはjoojiさんのテクニックを参考にしています。たとえばカラフルさの中に黒を入れて締めるというテクニック。ちょっとした遊び心を入れて楽しむところも、そのひとつです。

FASHION COORDINATE

MIXカラー × 洒落マフィア

joojiさんへのオマージュの想いを込めたかったので、日常的には少し派手かなというヘアカラーに仕上げました。色を多く使い、サングラスやファーの変形ジャケットを取り入れたアンバランスさがポイントです。
model:Natsuki

Memories with jooji

セミナーを受けさせていただくよりも前から、アドバイスをして頂いたり、お目にかかったときにも自分の作品を褒めて下さったりしていました。テクニックを学ばせてもらったことは当然ですが、一番衝撃的だったのはjoojiさん自身がヘアカラーを楽しみEnjoyしていたこと。その姿に美容への熱い想いを感じました。joojiさんは僕の美容人生の中でも特に大切な人。自分にとってのヘアカラーの師匠と言って間違いありません。

PROFILE

「Arrows」代表。高校時代のカリスマ美容師ブームに影響を受け、美容師の道を志す。盛岡ヘアメイク専門学校を卒業後、盛岡市内の美容室勤務を経て、2014年に「Arrows」を設立。『JHA』通算7回ノミネート、『2019ミルボンフォトワークス』ファイナリスト、『2019 資生堂ビューティーイノベーターアワード』ファイナリストのほか受賞歴は多数。人に似合わせた、少し攻めるスタイルを得意とする。

山崎 真さん
Arrows

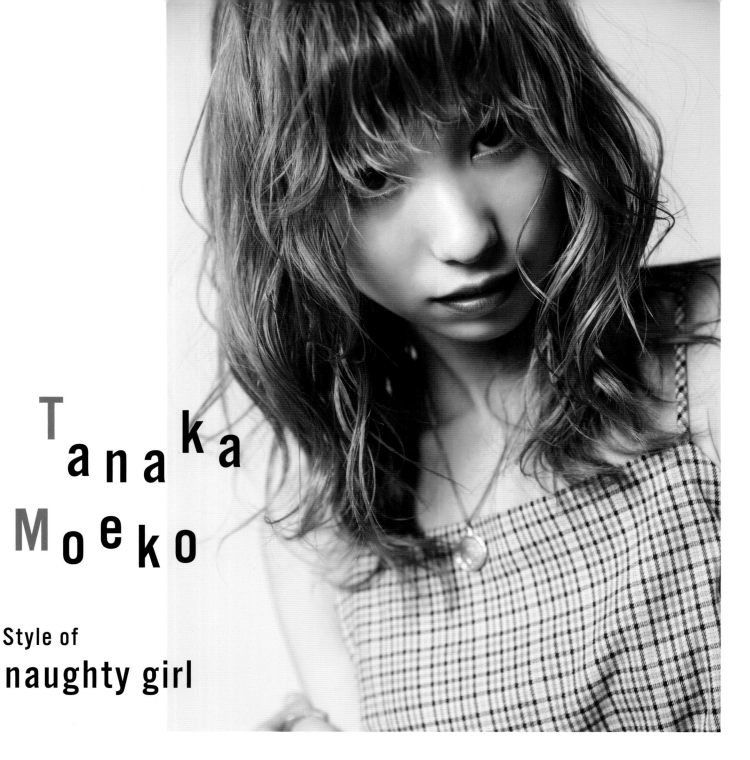

Tanaka Moeko

Style of
naughty girl

■カラー剤
【ブリーチ】[薬剤a] アクセス フリー パウダーブリーチ
（ナプラ）オキシ6% 2倍にオキシ3%
【ベース】
[薬剤b]根元 プロセンス10ps（フジコスメティック）：コレ
ストン10/68（ウエラ）：プロセンス8GA（フジコスメティッ
ク）＝5：5：2にオキシ3%
[薬剤c]毛先 プロセンス10ps（フジコスメティック）：コレ
ストン10/68（ウエラ）：プロセンス8GA（フジコスメティッ
ク）＝10：2：1にオキシ3%
【カラー】（写真左から）
[薬剤d]トリートメント：
ホットホットピンク（マニックパニック）＝10：1
[薬剤e]トリートメント：
エンチャンティッドフォレスト（マニックパニック）＝5：1

塩基性カラーの前にアルカリカラーでベースを作る

before
[元の明度]
根元 新生部1.5cm
毛先12レベル
(1回ブリーチ残留あり)
[目標明度]17レベル

【リタッチ】
根元を2mmくらい空けて薬剤aを塗布する。リタッチは2cmで、薬剤が薄くならないように、ためて塗布するのがポイント。

【ブリーチ】
毛先まで一気にブリーチ(薬剤a)する。根元を塗り足しながらホイルで1.5cm間隔で包んでいく。ホイルで包むことで、ミルフィーユ状になり髪に熱が均等に伝わる。また、ホイルで包むことで髪が保温されるので少ないダメージで明るくすることができる。

【ベース】
毛先のダメージが強かったので、カラーはできるだけ低ダメージで行いたいことと、モデルの負担を減らすために、ブリーチ回数を少なくする。淡い色を入れやすくするために、アルカリカラーでベースを作る。根元は薬剤b、毛先は薬剤cを塗布し20分放置する。ベースを白に近づけることで、オレンジみや黄ばみを取れやすくできるのがポイント。

アルカリカラーでベースを補正する

【オンカラー】
表面にベースの色を残したいので、トップの髪はまとめておき、残りの髪をセクション取りをすることで、動きを出すことができる。サイドを薬剤dで、バックを薬剤eでオンカラーする。今回選んだカラーは組み合わせ的には合わないと思われる色だが、カバーリングのホワイトがあれば見え方が変わる、ということを期待してセレクトしたのがポイント。

【シャンプー】
15分放置したあと、カラー剤を洗い流す。残しておいたトップの髪に色移りしないよう、カラー剤を流しきるまではまとめたままにしておくこと。

FASHION
COOR
DINATE

少ないブリーチでもパステルカラーが映える唯一無二のテクニックを学びました

今回のスタイルは、ブロッキングでカラーをすることで、いろんな動きを楽しめるようにデザインしました。joojiさんから学んだ、塩基性カラーの前にアルカリでベースを作るというテクニックは、ブリーチ回数が少なくてもベースの黄ばみを消すことができ、また、パステルカラーを映えさせることができるので、今回のモデルさんの毛先にダメージがある髪の状態にマッチしていました。トリートメントで希釈することで、ダメージを最小限に抑えることができるのもポイントです。

Memories with jooji

はじめてサロンに行ったときに迷子になってしまい、わざわざ迎えに出てきてくれたのがjoojiさんとの一番印象的な思い出です。joojiさんから教えてもらった塩基性カラーでパステルを作るテクニックと、お客さまをとにかく可愛くしたいという気持ちは、私の中にしっかりと受け継がれています。私にとってjoojiさんは、カラーを好きになるきっかけをくれた人。今でもjoojiさんは魔法使いだと思っています!

PROFILE

茨城県出身。茨城県理容美容専門学校卒業後、吉祥寺のサロンにて勤務後「dot.tokyo」に入社。3年目にカラーリスト、5年目でスタイリストとしてデビュー。髪の状態をしっかりと把握し、ダメージを最小限に抑えた艶髪ハイトーンが得意。10〜20代の女性に人気で、Instagramのフォロワーは2万3千人(2020年3月現在)。『東京ビューティーコングレス(TBC)』にて、2016年奈良裕也賞、2017年内田聡一郎賞を受賞。

田中萌子さん
hair salon dot.tokyo

セクションカラー × naughty girl

根元からのウェーブスタイリングで仕上げ、チェックのショート丈のセットアップをコーディネートして90年代のちょっと悪そうな女の子をイメージしました。
model:水野由梨

Style of
Foreign-style
lavender hair

Y

a mo to

N

atsuhiro

■カラー剤
【ブリーチ】[薬剤a]ファイバープレックス パウダーブリーチ：イゴラ ロイヤル ピクサムーF ク
リア14＝10：1　オキシ6％　1.8倍（すべてシュワルツコフプロフェッショナル）[薬剤b]ファイ
バーフレックス パウダーブリーチ（シュワルツコフプロフェッショナル）：オキシ6％：水＝1：1：1
【カラー】（写真上から反時計回りに）
[薬剤c]根元／キャラデコミュゼリア ボルドー（ナカノ）：イゴラ ロイヤル ピクサムーF Goth-Nfp
（シュワルツコフプロフェッショナル）：イゴラ ロイヤル ピクサムーF T Clear（シュワルツコフプロ
フェッショナル）＝1：1：2 オキシ1.8％等倍
[薬剤d]毛先／キャラデコミュゼリア ボルドー（ナカノ）：イゴラ ロイヤル ピクサムーF Goth-Nfp
（シュワルツコフプロフェッショナル）：イゴラ ロイヤル ピクサムーF T Clear（シュワルツコフプロ
フェッショナル）＝1：1：15　オキシ1.8％等倍
[薬剤e]毛先／イゴラ ロイヤル ピクサムーF Goth-Nfp（シュワルツコフプロフェッショナル）：
イゴラ ロイヤル ピクサムーF T Clear（シュワルツコフプロフェッショナル）＝1：15　オキシ
1.8％等倍

最大限キレイにブリーチするための調合テクニック

10倍希釈で作るパステルカラー

before

[元の明度]
根元 新生部3センチ
中間17レベル
毛先18.5レベル
[目標明度]18レベル
中間〜毛先19レベル

1

【継承ポイント】
ブリーチはネープからサイド、トップへ下から上へ塗っていくのが基本。

【ブリーチリタッチ】
ディバイディングライン（新生部と既染部の境界線）に薬剤aを溜めて、根元に薄く伸ばす。明るくなりにくいネープ→トップの順に塗り進める。根元1mm空け、2mmスライスで塗るのがポイント。クロスチェックなしで、極薄スライスで塗ることで、既染部にブリーチがつくことを防げる。塗布時間30分。

2

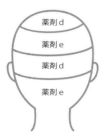

【再塗布】
30分放置後、前回のブリーチがあまい部分にプラス2cmまで薬剤aを塗り足したら、20分置く。

【継承ポイント】
塗布後20〜30分で再塗布を行う。塗布・再塗布で塗り重ねることでブリーチは上がりやすくなる。

3

【脱染】
毛先の残留色素を取り除くため、シャンプー台で毛先をウエットにしたあと、薬剤bを全体になじませ、3分後に流す。シャンプー台で行うと一気にできるのでタイムラグをなくすことができる。
ブリーチ後の状態（写真右）
根元アンダー18レベル、中間アンダー19レベル、毛先アンダー19レベル。多少の濁りはあるが、均一なアンダーの仕上りと言える。

【継承ポイント】
ブリーチで脱染だけを行う場合はハーフウェットな状態で、ブリーチにトリートメントを混ぜたものを塗布する

4

薬剤d	
薬剤e	
薬剤d	
薬剤e	

【オンカラー】
根元2cmに薬剤cを塗布し、それ以外の部分は、左図のように4つにブロッキングをして、薬剤dと薬剤eを交互に塗っていく。ロングヘアをパステルトーンでデザインしていく際に細かいピッチでホイルワークをすると色味がぼやけて分かりにくいため、薬剤cは2センチ幅の前上がりスライシングで入れていく。10分経ったら、2つのカラーの境目が出過ぎないようにするため、全体をコーミングして薬剤dと薬剤eをなじませ、流す。

joojiさんのブリーチの調合やスライスを参考に自分なりの工夫を加えて表現

今回はアルカリカラー特有の透明感を出したくて、自分なりに調べて調合することにこだわりました。ひとりでの塗布作業でも最大限キレイにブリーチできるように、joojiさんのブリーチの調合やスライスを参考にし、自分なりの工夫を加えて表現しました。joojiさんはオキシ等倍、1.5倍、2倍の3種類を使い分けていましたが、今回僕はブリーチの操作性とリフト力の観点から1.8倍にしました。ブリーチの粘性で薬剤が硬すぎると塗りムラが出やすいし、反対に柔らかいと薬剤の溜め塗りがしにくいのと、既染部にブリーチがついてしまう恐れがあることを配慮したためです。

山本夏広さん
HAIR&MAKE EARTH 神楽坂店

Memories with jooji

はじめてお店に行ったとき、joojiさんの第一声は「今日のテーマは？」でした。joojiさんはその人の世界観を大切にしているのだと、後に理解しました。自分の経験をしっかりと理論付け、知識として次に生かすこと。日々新しいことに挑戦していく姿勢を教えてもらったと思っています。ハイトーンカラーをゼロから勉強していく上で、周りに教えてくれる人がいなかった中、講習とSNSを通して、技術と楽しさを教えてくれた、師匠のような存在です。

PROFILE
山口県出身。2009年に福岡ベルエポック美容専門学校卒業後、「HAIR & MAKE EARTH 神楽坂店」に入社。2012年にスタイリストとしてデビューし、2015年にjoojiさんと出会う。ハイトーンカラーの楽しさを知り、同時にInstagramをオープン。自身が施術したヘアカラーデザインをポスト続け、3年後にはフォロワーが1万人に。2018年には、EARTHの社員3000人に向けてブリーチ講師として、技術を共有していく。

ラベンダーカラー × ラフストリートファッション

ロングのラベンダーヘアにラフなファッションをコーディネートして、海外のストリートにいそうなカジュアルライクな女の子を表現しました。
model:小林千紘

M i n a k o

Style of
Dusty pink × See-through section color

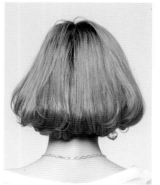

■カラー剤
【前処理】[薬剤a]ファイバープレックス ボンド ブースター:ファイバープレックス ボンド フィクサー=1:2(すべてシュワルツコフプロフェッショナル)
【ブリーチ】[薬剤b]ファイバープレックス パウダーブリーチ(シュワルツコフプロフェッショナル)＋オキシ3%＝1:1.5倍

[ベースカラー]
[薬剤c]イゴラ ロイヤル ピクサムーF PT10fp:イゴラ ロイヤル ピクサムーF L10fp:イゴラ ロイヤル ピクサムーG T Clear(すべてシュワルツコフプロフェッショナル)＝1:0,1:2
[薬剤d]根元〜中間(イゴラ ロイヤル ペンタ PS8PP:イゴラ ロイヤル ペンタ PYR):イゴラ ロイヤル ピクサムーF L10fp:イゴラ ロイヤル ピクサムーF N8fp:イゴラ ロイヤル ピクサムーG T Clear(すべてシュワルツコフプロフェッショナル)＝(10:1)3:1:0.5:3
[薬剤e]中間〜毛先(イゴラ ロイヤル ペンタ PS8PP:イゴラ ロイヤル ペンタ PYR):イゴラ ロイヤル ピクサムーF L10fp:イゴラ ロイヤル ピクサムーG T Clear(すべてシュワルツコフプロフェッショナル)＝(10:1)1:1:2

[セクションカラー]
[薬剤f]ライラック(マニックパニック)をトリートメントで5倍希釈　[薬剤g]エレクトリックバナナ(マニックパニック)をトリートメントで1倍希釈
[薬剤h]エレクトリックバナナ(マニックパニック)をベースにヴァンパイアレッド(マニックパニック)をほんの少量、オレンジになるように目で確認しながら入れる。それをトリートメントで1倍希釈
希釈用トリートメント:サロンオンリーコンディショナー(シュワルツコフプロフェッショナル)

ベースをカラー剤でコントロールしてから塩基性をのせる

セクションカラー＆フィルターカラーの入れ方

before

[元の明度]
根元は開けたまま
中間部17.5レベル
毛先18レベル
[目標明度]18.5レベル

【ホイルによるブリーチ】
ブリーチ前に保護のため、薬剤aをリフトさせたくない部分に塗布しておく。今回はあえて根元を外して、前回ディバイディングラインだった部分に残留するメラニン色素を脱色するため、ホイルでブリーチ（薬剤b）を行う。目で確認し、リフトしてきたところで、シャンプー台でホイルを外し、シャンプーする。

[継承ポイント]
ベースにブリーチムラが
あるときは
アルカリカラーで
ベースを整える

【ベースカラー シルバーホワイト系】
塩基性カラーの残留色素が毛先にあるので、アルカリカラーでベースを整える。今回は、セクションに3色のマニパニを入れ、その他はパステルピンクのアルカリカラーを配したスタイル。まずマニパニでデザインを入れる部分に、シルバーホワイト系のアルカリカラー（薬剤c）をホイルで入れていく。ブリーチでイエローになった髪に塩基性カラーをのせると色によっては仕上がりが変わってしまう。その予防としてベースにシルバーホワイト系のカラーを入れる。また、シルバーホワイト系のカラーで染めれば、くすんだパステル系の発色になる。

【ベースカラー パステルピンク】
ホイル以外の部分には、パステルピンクのアルカリカラーを塗布する。このとき、根元から毛先までグラデーションをかけるため、根元～中間までは薬剤d、中間～毛先にかけては薬剤eを塗布し、濃淡をつけたのがポイント。20～25分放置後、シャンプー。

【セクションカラー】
シルバーホワイトのベースの部分に、マニパニの3色（薬剤f.g.h）をホイルワークでデザインを入れながら塗布する。サイドは縦よりの斜め、バックサイドはほぼ縦、フロント、バックは毛流れに合わせて横にスライスを取る。そうすることで仕上がりに動きをプラスすることができる。

ファッションとヘアカラーを融合させて
joojiイズムのデザインを構築

ブリーチ後、アルカリカラーでムラを整えてベースを作ることで塩基性カラーがムラなく入り、ダスティな色味に仕上がります。これこそまさに、joojiさんに教えてもらったテクニックです。いつもの自分だったら、ピンクベースの同系色でまとめてしまうところを、オレンジとパープル、イエローグリーンという色をチョイスしたのも、joojiさんらしさを意識したから。カラフルだけれどケンカしない色の配置もjoojiさんから学びました。多色に入れたセクションカラーは、分け目やスタイリングによって目立たせたり隠したり、いろんな表情を楽しめるデザインです。

Memories with jooji

joojiさんからはブリーチのことだけでなく、シースルーのセクションカラーについても教わりました。ブリーチをする上での理論は大事だけれど、カラーは直感でデザインすることも時には大事と教えていただきました。また、SNSの活用法や集客の仕方などもアドバイスしてくれたり、頑張って！と背中を押してくれたのも嬉しかったです。joojiさんは可愛いを作る魔法使い。未だにjoojiさんを超える人はいないって思っています。

PROFILE
名古屋文化短期大学と通信課程とダブルスクールで免許を取得。卒業後、岐阜市内1店舗に約9年勤務後、名古屋市内の「puf」でトップスタイリスト、カラーリストとして勤務。デザインカラーのお客様が全体の45％を締めていて、ブリーチカラーやオシャレなグレイカラーを得意としている。また、2019年から名古屋文化短期大学メイクアップアートコースにて非常勤講師としても活躍。

Minakoさん
puf

FASHION
COORDI
NATE!

ダスティパステルカラー
×
ニューミニマリズム

今季流行のシースルーやランジェリーテイストなどを取り入れつつ、余分な装飾は削ぎ落として、ヘアカラーが引き立つようなファッションを意識しました。
model:朝比奈芽衣

K A R I N

Style of
DREAM

■カラー剤
【ブリーチ】[薬剤a]ファイバープレックス パウダーブリーチ(シュワルツコフプロフェッショナル)+オキシ6%=1:2
【カラー】
[薬剤b]エレクトリックバナナ 希釈なし　[薬剤c]エレクトリックリザード 希釈なし
[薬剤d]ブルースティール 希釈なし　[薬剤e]レイヴン+トリートメント=2.5:1
[薬剤f]サンシャイン+トリートメント=1.3:1　[薬剤g]ヴァンパイアレッド+トリートメント=1:10
[薬剤h]ロカビリーブルー+トリートメント+ショッキングブルー=3:1に対して2%のショッキングブルー
[薬剤i]ホットホットピンク+トリートメント=1:14　[薬剤j]トリートメント124gに対してアトミックターコイズ3g
カラー剤(すべてマニックパニック)、希釈用トリートメント:
サロンオンリーコンディショナー(シュワルツコフプロフェッショナル)

マニックパニックを絵の具のように自由に混ぜ合わせる

before

［元の明度］
根元4レベル
中間部17レベル
毛先18.5レベル
［目標明度］19レベル

1

［継承ポイント］
根元新生部2cmは
別物と考える

【ブリーチリタッチ（新生部）】
新生部2cmまでは体温が届くため、他の部分に比べてブリーチが上がりやすい。そのためリタッチでは、新生部と既染部とのつなぎ目をはみださないよう、新生部にだけ薬剤aをのせていく。このとき、根元5mmは最もリフトしやすいため、つなぎ目とのトーン差をださないため、最後に塗布するので空けておく。

2

【ブリーチリタッチ（根元5ミリ）】
13レベルまで上がったら、塗り残していた根元5mm部分に薬剤aを塗布後、塗りムラがないかクロスチェックをしながらオールバックにしていく。オールバックにすることで、塗布漏れを防止し、表面の髪の毛がリやすいトップも髪の毛が重なることで、全体的に均一に上がりやすくなる。放置せずにそのまま工程③へ進む。

3

［継承ポイント］
ラップ密閉で
自然放置

【ブリーチリタッチ（中間部）】
既染部のトーンを均一にするため、黄ばみの強い中間部に薬剤aを塗布する。中間部への塗布のタイミングは、根元の上がり具合をみながら決める。黄ばみのある部分と、根元が同じレベルぐらいか、根元の方が少しレベルが低い状態のうちに塗布するのがポイント。ブリーチリタッチが終了したらラップで密閉し、15～20分放置。

4

［継承ポイント］
自由奔放なデザイン

【オンカラー】
ブリーチを流し終わったら、オンカラーの塗布に入る。ブロッキングせずに配色を考えながら薬剤b～jを、パネルごとに根元から毛先まで塗布していく。マニパニは絵の具のように自由に混ぜ合わせることができるので、隣り合うカラー剤が混ざり合って可愛くなる配色や、グラデーションにする、混ざりたくない色同士を隣合わせにしない。など、頭の中でデザインしながら作り上げていく。

5

【シャンプー】
薬剤b～jをすべて塗布したら、15分自然放置し、シャンプーに入る。流す際に髪の毛の中に指を入れてゴシゴシと洗うのは、せっかく分けて塗布したカラー剤が全部混ざってしまうため、最初は指を入れずにお湯の水圧だけで流す。ある程度流したら指を入れ、しっかり流したら軽くシャンプー。マニックパニックは流すだけでシャンプーをしなくても大丈夫なので、流すだけでも良い。

混ざり合うことすら楽しんで配色する
joojiのテクニックを踏襲

カラーをするときには、細かくブロッキングしてラップやホイルで巻き、色が混ざらないようにするのが一般的ですが、joojiは色分けをせず、色が混ざり合うことすら楽しんでいた、そこを意識して施術しました。また、常々話していた黄みのレベルを調整しベースを均一にさせることも、キレイなカラーを出す上での鉄則なので、joojiのもとで培った経験と感覚で慎重に施術しています。1面に対し、9色が見えるようにバランスを取りながら、左右はアンバランスに見えるように、また、ファッションに合わせてトップに黄緑色が出るように配色したのがポイントです。

FASHION COORDINATE

カラフルカラー × キミドリのセットアップ

ジャケットとパンツを2020SSトレンドでもある春色のキミドリのセットアップに。明るい印象のコーディネートにして、ヘアをカラフルに大爆発させることで自由な未来を演出しました。
model:ayu

Memories with jooji

joojiは必要最低限の道具と材料があれば何でもしていました。色だって、欲しい色がなければ混ぜて作ればいいという考え。とにかく、いかに早くキレイにカラーするかが最優先だったので、いつもお客さんの頭の上はまるでパレットのようでした。それでも想像以上の仕上がりにお客さんはいつも笑顔で帰っていくんです。4年半、「gris☆」で過ごしたこと全部がjoojiとの思い出。技術、芸術、感性はもちろん、joojiの生き方までも学べたと思っています。

PROFILE
関西美容専門学校卒業後、地域密着の大型店で一般的な基本を学ぶ。その後joojiのアシスタントとして「gris☆」でブリーチオンカラーをメインに、たくさんの個性的で可愛いスタイルをjoojiとともに製作。「gris☆」はおしゃれになりたい、夢を叶えたい真っ赤な宝石箱のような美容室。その後、外国人風モードやストリートを得意とするサロンに勤め、2019年5月「Beni--.」をオープン。得意なスタイルは個性的。

KARINさん
Beni--.

SALON GUIDE

岩手県 Arrows

山崎 真さん（P130〜131）が代表を務め、千葉 愛さんが勤める盛岡駅から徒歩5分にある、プライベートサロン。まるで異国に来たようなアンティーク感ある独創的な雰囲気が魅力。しっかりとカウンセリングを行い、お客さまの要望、悩みなどを解消するヘアスタイルを提案している。海外のヘアアクセ、キャンドルや一点物のピアスなどの販売も行う。セット面は4席。

住岩手県盛岡市開運橋通5-7 東映堂ビル1F ☎019-613-3782 営10:00〜19:00 休不定休 http://hair-arrows.com/

東京都 BAMBINI

店長の廣瀬玲雄さん（P108）と、アシスタント1人で切り盛りする創業40年のサロン。一人一人のライフスタイルや髪質、悩みに合わせたスタイルを創作。都心に行かなくてもオシャレで可愛くなれるサロンとして人気のお店。JR国立駅から徒歩5分ほどの立地で、店内は光がよく入り、清潔感があってとても明るい。セット面は5席。

住東京都国立市中 1-9-19 2F ☎0120-766-455 営10:00〜20:00（カット最終受付19:00、パーマ最終受付18:00、カラー最終受付18:00）休火曜 https://salon-de-bika.com/

東京都 BASSA 高田馬場店

カタイシマイさん（P109）が勤める高田馬場店をはじめ、西武線沿線に13店舗を展開するサロン。東京ランウェイのヘアメイクなどにも携わる。最善のヘアケアをサロン・自宅で利用できるようオーダーメイドのヘアケアプログラムを組み立てたり、肌や瞳の色からパーソナルカラー診断をするなど、ライフスタイルに寄り添うヘア・カラー提案をしている。セット面は10席。

住東京都新宿区高田馬場 2-14-5 第1いさみやビル2F ☎03-3232-6338 営10:00〜20:00（カット最終受付19:30）、日曜・祝日9:00〜19:00（カット最終受付18:30）休火曜、年始 https://www.idea-nov.co.jp/salon/takadanobaba/

東京都 hair salon dot.tokyo

東京クオリティーのハイトーンカラーを町田で体験することができると人気。常に腕を磨き続け、トレンドはもちろん、ベーシックカラーでも個性を活かした色使いを提案する技術は、町田エリアTOPレベル。田中萌子さん（P132〜133）をはじめ、スタッフ全員が徹底したケアの勉強をし「今の髪」にピッタリのケアを提案。町田駅から徒歩1分。セット面は15席。

住東京都町田市森野 1-13-1 Qsビル3F ☎042-732-6008 営10:00〜20:00（カット最終受付19:00、カラー・パーマ最終受付18:00）休火曜 http://www.dotjpn2013.com

東京都 PLUS 縁

石田裕治さん（P109）がオーナーを務める、国立駅から徒歩7分の、中央線を見下ろす小さな一軒家の美容室。"大切な友人を招くような気持ちで施術する"をモットーに1人1人のお客様にほぼ貸切で施術をすることができる贅沢なサロン。ワークショップやイベント、メイクアップレッスンなどを行うこともある。また、ペアでの施術メニューがあるのも特徴。セット面は3席。

住東京都国分寺市日吉町 2-28-1 ☎042-505-5814 営9:30〜19:30 休日曜、月曜 https://plus-en.tokyo/

東京都 HAIR MAKE EARTH 神楽坂店

全国に約230店舗以上のサロンを構えるEARTHは創業28年。山本夏広さん（P134〜135）が勤める神楽坂店をはじめ、サロンでの仕上がりを自宅でも簡単に再現できるスタイルを提案している。定期的に講習会を開き、常に技術向上に努めているのが特徴。特殊なハイトーンカラーは専任スタッフが対応。神楽坂駅から徒歩1分。アーティスティックな店内。セット面は12席。

住東京都新宿区神楽坂 6-64 雅institue 2F ☎03-3260-0315 営カラー・パーマ10:00〜18:00、カット10:00〜19:00、日曜・祝日 カラー・パーマ10:00〜17:00、カット10:00〜18:00 休無休 https://hairmake-earth.com/salon/salon-1128/

東京都 Batta

青山エリアから独立したオーナーが谷根千エリアオープンした、坂上 岳さん（P108）を含む2名のスタイリストが切り盛りするアットホームなサロン。ゆったりとできる落ち着いた空間で、カラー専門のスタイリストがハイライトやブリーチなどのデザインカラー、地肌をいたわりながらのヘアカラーを行う。根津駅から徒歩1分。セット面は4席。

住東京都文京区根津 2-19-4 根津逢初2号館 2FA ☎03-5809-0035 営10:30〜20:30、土曜・日曜・祝日10:00〜19:00 休月曜（祝日の場合は火曜）、隔週火曜 http://batta.tokyo/

愛知県 puf

Minakoさん（P136〜137）が勤務する、『people,unique,fasion』がコンセプトのヘアサロン。一人一人の髪の素材と個性を大切にし、日々のファッションに合わせたヘアを提案。髪にも肌にも極力ダメージレスな薬剤のみ使用。今までカラーに満足できなかった方や、首や腰が痛くならないシャンプー台や、個室があるのも特徴。伏見駅から徒歩3分。セット面は7席。

住愛知県名古屋市中区錦 1-17-22 名興ビル別館2F ☎080-8457-0643 営11:00〜21:00、土曜・祝日10:00〜20:00、日曜10:00〜19:00（最終受付：ストレート3時間前、カラー、パーマ2時間前、カット1時間前）休無休 https://beauty.hotpepper.jp/slnH000456184/

大阪府 Beni—.

joojiの技術を学んだKARIN（P138〜139）が経営するサロン。陽の当たるカットブースとウェイティングスペースに、落ち着いた雰囲気のシャンプーブースが表すのは陰陽のイメージ。どこか日本を意識しつつ、かっこよさとオシャレさを演出。日の丸をイメージした鏡の前では1対1のプライベートな時間を過ごせる。理想＋αの技術と接客を提案。セット面は1席。

住大阪府大阪市西区北堀江 3-5-5 メゾン・ド・オーク402 ☎06-4977-0099 営11:00〜20:00 休月曜不定休 Instagram @beni_hairstyle

大阪府 hair&relaxation 春

2012年開店。joojiがかつて本名で活動していた時期に経営していた地域密着型のサロンにおいて5年間joojiのもとで技術を学んだ杉 奈穂子さん（P112〜113）が、完全予約制でマンツーマンのサロンワークを主宰。カラーを施すのと同じ情熱で髪を切ることを日々考え続けたjooji愛用のシザーを形見として譲り受け、サロンワークに勤しむ。北巽駅から徒歩1分。セット面は2席。

住大阪府大阪市生野区巽東 1-2-14 ウィングヒルズ1F ☎06-6754-9055 営9:30〜19:00、日曜・祝日9:30〜18:00 休月曜、第2・3月曜・火曜連休

jooji color「第2章」

「塩基性カラーの魔術師」として、既成概念を打ち破り、

ブリーチカラーの歴史に新たな指標を打ち立てたのが第1章であれば、

次世代カラーの常識を読み解く共通コードとして

jooji のカラーハウツーが浸潤する過程が第2章である。

継承 伝達 育成、

そして次世代へと繋がるカラーの研究や確立。

残されたノートに殴り書きされたこれらの言葉たち。

死の恐怖に震え、病に侵されながらも強烈に生きることを渇望し、

ブリーチカラーへの飽くことなき情熱と弛まぬ努力で

残された限りある時間を全力で疾走した jooji の精神が受け継がれ、

いつの日にか　乗り越えられていくことを切に願う。

松岡慶子

Supporting Companies

株式会社MANIC PANIC JP
東京都世田谷区桜新町2-22-10-2F
TEL:03-3426-0282
https://www.manicpanic.jp

今、新たな塩基性カラーの世界へと扉が開いたこの時代だからこそ、joojiには、これからもずっと先頭を走り続けてほしかった。独特の世界観から生み出される数々の作品に欠かせない表現として、マニックパニックを必要としてくれた事を嬉しく思います。本誌に紹介される通り、その多彩な色使いは圧巻です。オリジナリティ豊かな色作りが、常に発信し続けられた理由はどこにあったのか？通常は単色で済ませる場面でも、あえて同系の色が複数混ぜ合わされていたり、補色が足されていたり等々。マニパニの特徴を熟知し抜いている事に驚かされます。カラーに対する探求心と情熱がなければ成し得ない技といえるでしょう。日本のマニックパニックを語る上で、jooji は欠かす事のできない存在です。誰もが認めるマニックパニックの伝道師、そして誰よりもマニパニを愛してくれた人として。joojiの残した功績は、素敵な仲間達の手で、必ずや引き継がれていくに違いありません。

株式会社
MANIC PANIC JP
取締役　鍵田佳久

ヘンケルジャパン株式会社
東京都品川区東品川2-2-8 スフィアタワー天王洲14F
TEL:03-3472-3078
http://www.schwarzkopf-professional.jp

joojiさんが生前 "ファイバープレックス" を気に入ってくださっていたというお話から、今回の貴重な書籍の出版へのご協力の機会をいただき大変光栄です。実際には、お亡くなりになるまでの約1か月間で "ファイバープレックス" をお試しいただいていたようで、短期間でありながらも多くのjoojiさん流の使い方や、理論をまとめてくださっていることに感動いたしました。そして、今回の書籍にまとめられている緻密で計算しつくされたブリーチやカラーの理論にも圧倒されました。「もしも、今もなお、お元気でいらっしゃれば」と思うと本当に悔やまれますが、この書籍をきっかけに、私たちは、これからも美容師の皆さんと共にjoojiさんのこれまでの功績を継承していくことに最大限ご協力できればと思っております。素晴らしい機会をいただきありがとうございました。

シュワルツコフ プロフェッショナル
PR
鈴木美穂

サンビー工業株式会社
大阪市東成区大今里西1-19-38
TEL:06-6981-1012(代)
http://www.sanbi.net

これまでには見たことのない独特の世界観の鮮やかなブリーチカラーに驚き、そして新しいヘアースタイルの到来を感じさせました。
弊社のコーム付き毛染めブラシは、30年以上も前から製造しているロングセラー商品で、そのシリーズのK-70は、毛の先端を細く加工した柔らかくしなやかで上質な極細毛が、ヘアカラー時のチクチクする不快感を軽減します。この毛染めブラシを愛用して頂いた事、そしてブリーチカラーの最先端を走るjoojiさんの書籍出版の協力の機会をいただけた事、大変光栄に思っています。
この書籍を通してjoojiさんの意思を一人でも多くの方が引き継ぎ、更なるブリーチ業界の発展を願ってやみません。
そしてjoojiさんのような最先端を走る美容師さんの力添えになるように、日々よりよいものづくりを手掛けていく次第です。

サンビー工業株式会社
常務取締役 増井希実

about jooji

■jooji は究極の美容オタク

僕の中でひっそりと「ドラエモンのおじさん。」と呼んでる人がいる。
だってポケットからなんでも出てきそうなんだもん。
それぐらい、沢山の夢や希望、衝撃を見せてくれたし、これからも沢山のことを学ばせてくれるんだろうな。
彼の名は「Tim Hartley」。
ヴィダル・サスーンの愛弟子で35年間 sassoon に在籍、前最高責任者で、「真のヴィダル・サスーン」や「ヴィダル・サスーン以上のヴィダル・サスーン」との呼び声があったほどだ。
僕は、とても憧れていて、一生懸命、ティム・ハートレーの技術を真似したり完コピしたりしていた。
そんな僕は「sassoon か?」と聞かれると「No !!!」と即答する。だって僕の職業は jooji でありたいし、僕のスタイルも jooji でありたいからだ。

それにティム・ハートレーが sassoon を卒業してからの方が、より沢山好きになったからだ。というのもカットするときのスライス幅がほんの数ミリ太くなっているし、パネルを持つとき柔らかく持つようになってるからだ。たったこれだけのことなんだけど、これがスタイルに与える影響って計り知れなくて、凄く柔らかくなるんだ!わかるかな!?きっとsassoon という縛りがあったときはできなかったことなんだろうな。

話は少しズレるが、sassoon のアーティスティックディレクターを経て、帰国した川島文夫先生が現在（2016年当時）、縦スライスでポインティングカットを多用しているってことを考えると、sassoon 系の切り方の中で最も日本人の髪を収める切り方なんだろうと判断してのことだと伺える。
結果、いろいろ考えていくと、きっと僕は、sassoon をベースに派生していくものにドキドキやワクワクを感じるんだろうなと思っている。
なかでも衝撃的だったのが、DADA の植村隆博さん。sassoon アートディレクターを経て帰国した当時、日本は削ぎによる軽い髪が全盛期だった。
そこで、植村さんはセニングによるレイヤーやグラデーションの入れ方を論理的に表現した。硬くて太い日本人の髪は、的確な量感調節をすると柔らかく軽くなる。そこにグラデーションやレイヤーを駆使し、チョップカットやポインティングカットをしながら、アウトラインはブラントで切ると、シャープだが柔らかくて軽い、独自のスタイルを作り上げていた。ほんとに凄かったなー。
話を戻そう。ティム・ハートレーはグラデーションの使い手で、横または斜めスライスのスペシャリストである。
そして、現 sassoon 最高責任者のマーク・ヘイズは、レイヤーのスペシャリストと言っていいだろう。縦スライスを本当に綺麗にカットしている。以前の sassoon では見られなかったイヤートゥイヤーから前こめかみより上の前頭部分の骨格の傾斜のこだわりが尋常ではなくて、きっと今後はこの部分を L や G を駆使してどう切っていくかが大切になっていくと思う。

時代はレイヤーだよ!レイヤーだからね!
レイヤーカットが上手くないと生きていけないからね!
でも、僕はやっぱりグラデーションが好きで!笑 ティム・ハートレーが大好きです。

■jooji を形成するもの

技術はほぼ独学である。

美容師になりたての頃は、ワインディングを追求することにはまっていて、1年のうち360日以上は練習してたな。おかげで全国で一番の称号をいただいた。
そしたら僕の美容師としての素質を知りたくなって、ひたすらカットの練習をして、その時は関西在住だったんだけど、出られるカットコンテストは全て出ようと決意して、関東のコンテストにも頻繁に出ていた。いわゆるコンテスターの時期があったのね。コンテスター時代の思い出としては、100個以上のトロフィーや表彰状などが形として残ったし、今振り返れば、今の僕を形成していくには内容の濃い時間を過ごせたと思っている。

カットコンテストの卒業とともに、フォトコンに精力を注いだ。ひたすらモデルをハントしては作って写真を撮っていたな。

フォトコンでもいくつかグランプリをもらったし、一般誌でのお仕事もした。美容師さんなら憧れる美容雑誌にも出ていたりした。

でも、ある時、サロンワークで作ってる僕のスタイルが「そこまで可愛くない!」って思ってしまったんだ。これは大変なことを思ってしまったね!
何のために技術を向上させていたのか、本当はお客様の髪を可愛くするためなのに、肝心なことができてなかったんだ。

そしてコンテスト人生に終止符を打とうと、それまでに JHA「ジャパンヘアードレッシングアワーズ」に3年連続ノミネートされていたんだけど、最後の年にどうしても JHA のタイトルが欲しいと挑んだんだけど、ファイナリストで終わってしまって、やっぱりどうしても手に入れたいものは手に入んないんだな、それが人生かと、ある意味すっきりして。
それからというもの、こだわりにこだわっていたカットも一歩離れてみて、これからはカラーの時代だから、とにかくカラーを追求してみよう。サロンワークなんだけど、「サロンワークとクリエイティブ」「カットとカラーリスト」の狭間を攻めてみようと、ひたすらサロンワークに打ち込んできたのね。

おかげでカットの観点から見るカラーと、カラーの観点から見るカットがなんとなくわかってきた。

なので、jooji を形成してるものってなると、カラーだけではなくて、ワインディングもブローもカットも精一杯、その時々目の前にあることを一生懸命にして、なおかつ、それらの追求をしたこと以上にカラーを追求していけば jooji になれるんではないかなー? なんて思っている。

■jooji の理論

僕のやってることは、とても複雑で難解に感じられる方もいられるかもしれないけど、色やカラーデザインは作るまではやっぱり大変だけど、一度作ってしまえば、実は 10 レベルぐらいまでのブラウンカラーを一色に染められるテクニックと知識があれば、ほぼ7～8割程度には再現できるようにしてるんです。
ブリーチの上がり方も各レベルの発色の仕方も法則性があるから、とてもシンプルなんですよ。

それにいつ僕が不慮の事故にあって手がなくなったり身体が動かせなくなったりとか考えたり、今は1人でやっているけど、いつかスタッフ雇うこともあるかもしれないし、そんなときにアシスタントに指示だけしたら簡単に再現できるようにしとかないといけないし。
それに後世に残したいと思ったら残すことができるように、なるだけカラーワークはシンプルに理論的にやるようにしていますね。

僕は今（2016年当時）中国に凄く興味を持っていて、中国を制したら世界を制するとまで思ってる。
とはいえ中国に行って働くつもりはないんだけど。
日本にいながらテレビ電話や IT を駆使して、髪の状態（ブリーチレベルなど）を画像で見て、指示をだせば、ほぼ僕の作ってるものはオリジナルに近い程度に再現できるように準備はしているからね。
歴史を振り返ると sassoon カットでは日本人の髪は収まらないと90年代日本独自のカットが発展していったように、ブリーチ on カラーも日本を含むアジア人独自の技法が発展していかなきゃな、と思っているから、ある程度の方が簡単に再現できるように準備していきながらブリーチ on カラーのイノベーションを起こしたい。そんな熱い夢を見ている。
「できるかな!?」って思ってしまったら、きっとできないだろうから、「できるんだ!」「やるんだ!」って確固たる決意で毎日を楽しみながら生きていきたいですね。